SOLEIL 005

戎光祥選書ソレイユ005

中世武士の勤務評定

南北朝期の軍事行動と恩賞給付システム

松本一夫
matsumoto kazuo

戎光祥出版

はしがき

平成二十三年（二〇一一）四月に定時制高校の教頭となって以来九年間、私はいわゆる管理職の立場にいる。その主な職務の一つに、部下職員の勤務評定があるが、これはかなり気の重い仕事ではある。なぜなら、この結果如何によって、その人の給与はもちろん、その後の昇級、ひいては職業人としての経歴が大きく変わっていくからである。そしてそれゆえに、職員にとっては自分がどのような形で評価され、そのなかみがいかなるものかということは、（口には出さねど）おそらく最大関心事の一つなのではあるまいか。

遡って、中世を生きた武士たちも同様だったと思われる。そして、そもそも現代人の多くは、中世武士たちの業績（合戦における軍功《ぐんこう》）が、どのような形で評価されたのか、ということについて、ほとんど知らないのではないだろうか。

そこで本書では、近年急速に進展している研究の成果をもとに、時期を戦乱が続いた南北朝時代に限定して、武士たちの勤務評定がどのように行われ、その結果、彼らの最大の望みである恩賞《おんしょう》給付《きゅうふ》（所領の保証や新たな給与）が、いかなる手続きを経てなされていったのかを紹介していくこととしたい。

まず第一部では、主に一九八〇年代くらいまでの研究をもとに、武士が召集をうけ合戦に従軍してから恩賞を与えられるまでの経緯を説明する。この過程で武士と上級大将、あるいは幕府などが多くの文書を用いて手続きを進めていくので、そうした文書の実例をあげながら、順を追って述べていくこととしたい。なお、基本的に本書では史料が多く残り、実態が把握しやすい室町幕府の実例を取り上げることとする。

次に第二部では、主に八〇年代以降、新たに指摘されるようになったことを紹介する。第一部では流れを重視してあえてふれなかった内容であり、一連の流れをご理解いただいたうえで、あらためて補足する形をとった。

そして第三部では、南北朝期の合戦をめぐる具体的な問題について、『太平記《たいへいき》』を参考としながらも、できる限り古文書等の信頼できる史料をもとに紹介する。通常、合戦についてとりあげる場合は、いつどこで戦われ、両軍の大将は誰で、その結果どちらが勝利したのか、そしてそれがその後の政治情勢にどのような影響を与えたのか、などといった事柄が中心となる。しかし、本書はそれとは異なり、合戦をするうえで欠かせない兵粮《ひょうろう》調達の実情、あるいは合戦の際に用いられた武具や戦闘方法、正規の戦闘員である武士以外のさまざまな立場の人々の実態、陣所や城郭の問題などをとりあげることとする。

このように、戦争そのものを微視的に検討していくことは、実は近年、学界でもさかんに行われるようになってきた。中世は戦争の時代であり、とくに南北朝期と戦国期は、やや極端にいえば戦争のなかに日常があるような時代だった。したがって、こうした微細な問題を考えることは、当該期の社会をとらえるうえで、かえって有効な方法ではないかと思われるのである。
本書がこうした研究動向にたとえわずかなりとも資するものとなり、また、歴史に興味をおもちの一般の方々にとっても、中世、とくに南北朝時代への理解を深める一助となれば、と念願する次第である。

二〇一九年五月

松本一夫

【凡　例】

・古文書は読み下し文（必要があれば訳文をつけた）とし、読みやすさを考慮して、原文にはないが平仮名に濁点をつけた。また、二行書きの割註（本来の一行分に小さな文字で二行にして記した部分）は【〇〇〇〇】のように示した。さらに、欠損等のため現状では読めないが、推測して読んだ部分がある。
・叙述の根拠となる史料は、（「〇〇文書」）というように出典のみを記した。
・引用文献は〔松本二〇〇二〕のように記し、巻末に該当する文献一覧を作成した。

目次

第二部　軍勢催促・軍功認定・恩賞給付の再検討

第三部　南北朝期の戦闘の実像に迫る

第一部　参陣から恩賞給付までの流れ

第一章　参陣から軍功認定まで

1．参陣要請をうける――軍勢催促状

軍勢催促状とは

中世の戦闘単位は、惣領《そうりょう》と呼ばれる武家の当主とその一族（家子《いえのこ》）、これに従う郎党《（等）》や郎従《ろうじゅう》、あるいは若党《わかとう》などから構成されており、合戦が近づくと上級大将から惣領宛てに速やかに参陣するよう命じる文書が発せられた。これを軍勢催促状《ぐんぜいさいそくじょう》という。

これは、文書の内容からつけられた文書名であり、文書の形式は発給者の立場によって異なってくる。例えば、天皇が出せば綸旨《りんじ》となり、将軍の場合は主に御判御教書《ごはんみきょうじょ》が用いられた（後掲）。ただし、同じ将軍でも状況や宛名の人物の立場などによっては、私信としての性格をもち、より個人的な感情を吐露しやすい書状形式をとることもあった（書状による軍勢催促については、第二部第一章4において詳しく述べる）。

鎌倉時代の軍勢催促

軍勢催促状は、もちろん鎌倉時代にも出されていた。例えば承久《じょうきゅう》の乱《らん》の際には、後鳥羽上皇《ごとばじょうこう》が諸国の武士へ、北条義時《ほうじょうよしとき》追討の官宣旨《かんせんじ》（朝廷が出す命令書の一種）を出しているし（「小松美一郎氏所蔵文書」）、一方の幕府も、諸国の御家人に一族を率いて馳せ参じるよう命じている（『吾妻鏡《あづまかがみ》』）。

また、鎌倉後期、蒙古襲来《もうこしゅうらい》に際しても幕府は西国守護や御家人に対し、出陣命令を下している。これらは一部現存しているので、次にその一例を示そう。

　蒙古人襲来すべきの由、その聞こえあるの間、御家人等を鎮西《ちんぜい》へ差し遣わす所也。早速自身肥後国の所領へ下向し、守護人を相伴い、かつうは異国の防禦《ぼうぎょ》を致せしめ、かつうは領内の悪党を鎮めるべしてへり。仰せによって執達件《くだん》の如し。

　文永八年九月十三日　　相模守（北条時宗）（花押）
　　　　　　　　　　　　左京権大夫（北条政村）（花押）

　小代《しょうだい》（重俊）右衛門尉子息等

これは、文永《ぶんえい》の役《えき》の三年前に幕府が小代氏に対し、所領のある肥後へ下向して守護の下知に従い蒙古軍の襲来に備え、かつ領内の悪党《あくとう》（領主支配に抵抗し税を納めない武士）を鎮圧するよう命じたものである（「小代文書」）。

南北朝期の軍勢催促

そして、鎌倉最末期から南北朝時代になると、全国各地で合戦が頻発し、多くの軍勢催促状が出されることとなった。例えば、後醍醐《ごだいご》天皇が発給した軍勢催促状は次のようなものである。

道覚勇健《どうかくゆうけん》の士を相率いて合戦の忠節を致すべし。勲功あるにおいては、勧賞《けんしょう》に行わる（恩賞を与える）べしてへれば、綸旨かくの如し。これを悉《つく》せ。

元弘三年四月二十三日　　勘解由次官（高倉光守）（花押影）

これは隠岐を脱出し、伯耆《ほうき》国にいた天皇が諸国の武士に対して討幕の兵を募って出したもののなかの一通であり、「勘解由次官《かげゆのすけ》」、すなわち近臣高倉光守《たかくらみつもり》が天皇の意をうけて出した綸旨の形をとっている（「成簣堂古文書」）。「道覚」とは薩摩の武士牛屎《うしくそ》道覚のことであり、通常は最後の行に宛名として記されるのだが、本来、綸旨は格式の高い文書で、こうした一地方武士に対して出されるものではないため、本文中に記される特例がとられたと考えられている〔佐藤進一一九九七〕。次に、足利尊氏《あしかがたかうじ》の軍勢催促状の一例を見てみよう。

新田《にった》右衛門佐義貞《よしさだ》を誅伐せらるべき也。一族を相催し、不日《ふじつ》（急ぎ）馳せ参じ、軍忠を致すべきの状件の如し。

建武二年十二月十三日　　（足利尊氏）（花押）

大友千代松丸

右は、尊氏が建武政権《けんむせいけん》から離反してまもなくの時期に出したものであり、御判御教書の様式が用いられている（「大友文書」）。宛名の大友千代松丸《おおともちよまつまる》とは、豊後の有力武士大友氏の惣領（後の氏泰《うじやす》）であり、幼名《ようみょう》となっているのは、このとき十五歳で元服《げんぷく》前だった（あるいは元服直後だったが、その事実を尊氏がつかんでいなかった）ためと思われる。

大友氏は鎌倉期以来、豊後守護職をつとめており、鎌倉幕府の打倒に功があったため建武政権からも引き続き同職を安堵された。足利氏の離反後、建武三年正月十二日には、足利直義《ただよし》が同じく千代松丸宛てに「一族並びに豊後・肥前国軍勢」を相催し、近江国坂本《さかもと》（大津市）まで馳せ向かうよう命じている（「大友文書」）から、この時点では千代松丸は豊後・肥前の守護に任ぜられていたと推測されている〔佐藤一九八八〕。ただし、元服前だったため千代松丸の庶兄貞載《さだのり》がその名代《みょうだい》をつとめていた。

軍勢催促状の伝達方法

ところで、尊氏や直義の軍勢催促状は、どのように大友一族や豊後・肥前国内の武士に伝達されたのだろうか。ここでは、史料の残り方のよい肥前の場合を見てみよう。

新田右衛門佐義貞を誅伐せしむべきの由の事、関東御教書かくの如し。早く仰せ下さるの旨に任せて、一族を率い、参上せしむべきの由、肥前国地頭御家人に相触れるべきの状件の如し。

建武二年十二月十四日　　　　　左近将監（大友貞載）在判

守護代（斎藤遍雄）

これは、大友千代松丸の名代貞載が、「関東御教書かくの如し」とあるから、先に紹介した尊氏の軍勢催促状の写をそえて、肥前国守護代に対し、この内容を同国内の武士へ伝達するよう命じたもの（文書形式としては施行状《しぎょうじょう》）である（「深堀文書」）。さらに、次の文書を見ていただきたい。

新田右衛門佐義貞を誅伐せらるべきの由の事、去年十二月十三日関東御教書並びに御施行かくの如し。早く仰せ下さるの旨に任せて、不日参洛せしめ、軍忠を抽《ぬき》んじらるべく候。よって執達件の如し。

建武三年正月十六日　　　　　沙弥遍雄（斎藤）（花押）

深堀弥五郎（正綱）殿

右は、尊氏の軍勢催促状と「御施行」、すなわち大友貞載の施行状のそれぞれ写をそえて、肥前の深堀《ふかぼり》氏にこれらの内容を伝えたものである（同前）。したがって、この文書を発給した「沙弥《しゃみ》遍雄」（斎藤遍雄）が、大友貞載の施行状の宛名となっていた肥前国守護代ということになる。

以上見てきたように、尊氏や直義からの軍勢催促命令は、この場合、守護がこれをうけ、（守護名代から）これを守護代に伝達し、守護代はさらにこれを国内武士の惣領に伝えたのである。ただし、地域あるいは状況によっては、守護ではなく国大将《くにだいしょう》（畿内・西国の軍事的重要地域に、守護とは別に幕府が派遣した軍政官で、南北朝後期には廃絶）や鎮西管領《ちんぜいかんれい》、広域大将などが担当したこともあった。また、このように将軍―守護―守護代―国内武士のような整然とした伝達ではなく、将軍あるいは守護などが知りうる限りの武士に直接催促状を発給する場合、さらには軍勢催促権を認められた守護や大将自身が配下の武士に対して出すこともあった。そして、これらを受け取った惣領が各庶子家に命令を伝達する場合は、一般的には文書によってではなく、口頭伝達だったと推定されている〔漆原二〇〇〇〕。

2. 参陣する――着到状

着到状とは

総大将、あるいは直属の大将からの軍勢催促を受け、武士は手勢《てぜい》を率いて参陣する。このとき武士は、その旨を報告する文書を提出する。これを着到状《ちゃくとうじょう》というが、次にその一例を紹介しよう。

　　着到

　市河孫十郎近（親）宗

右、新田右衛門佐義貞を誅伐すべきの由、関東より御教書成し下さるに就いて、軍忠の為、信州御方《みかた》の御手に馳せ参ぜしめ候。仍《よっ》て着到件の如し。

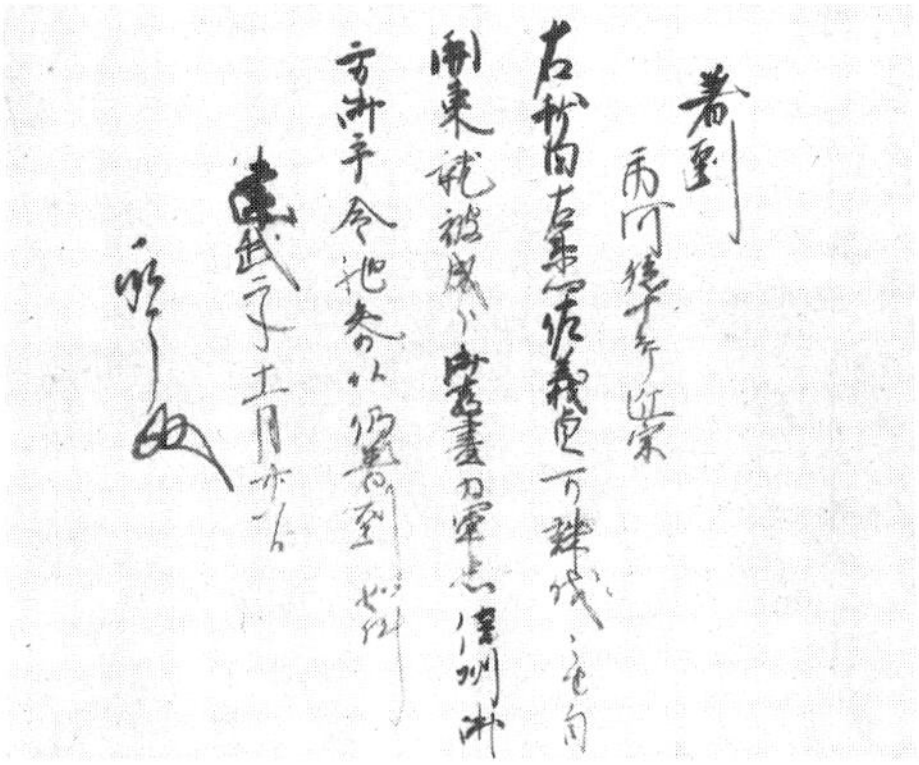

市河親宗着到状（「市河文書」）　本間美術館蔵

建武二年十一月二十八日
（証判）「承りおわんぬ（小笠原貞宗）（花押）」

これは、信濃の市河親宗《いちかわちかむね》の着到状だが、本文中に新田義貞を討てと命じる関東から発せられた御教書、とある（「市河文書」）。日付けの近さからみて、同じ内容のものが八通現存している建武二年（一三三五）十一月二日付けの足利直義軍勢催促状（「田代文書」他）をさすとみて誤りあるまい。これを受けた親宗は、建武政権期の信濃守護にして、足利尊氏の政権離反後これに従った小笠原貞宗《おがさわらさだむね》のもとに馳せ参じたのである。

文書の一番左側（奥という）には、本文とは別筆で「承了」と書き入れられ、その下に小笠原貞宗の花押《かおう》が据えられている。武士は参陣すると、その旨を口頭で報告し、大将（実際には軍奉行人《いくさぶぎょうにん》）がその氏名と、おそらくはその武士が率いていた者の氏名あるいは人数を着到帳に記入した。そして、例えば建武四年正月二十八日付けの龍造寺家種《りゅうぞうじいえたね》着到状に「肥前国龍造寺又六入道代子息家種軍忠を致さんがため、馳せ参ぜしめ候条、御着到分明に候」（「私、龍造寺家種が軍功をあげるために参陣したことは、すでに着到帳に記入されていて明らかです」）などとあるように、着到帳に記入された後に武士自身はあらためて着到状を作成・提出したのである（「龍造寺文書」）。

なお、前掲の着到状は市河親宗一名のものだが、なかには一族の複数の者を書きあげたものもあり、このうち建武三年三月三日付けで陸奥の相馬《そうま》光胤《みつたね》が作成した着到状には、光胤の他、実に四十五名もの一族・家人《けにん》の氏名が記されている（「相馬文書」）。

さて、この「承了」という文言（他には「承候了《うけたまわりそうらいおわんぬ》」「一見候了《いっけんそうらいおわんぬ》」「一見了《いっけんしおわんぬ》」なども用いられた）は、大将小笠原貞宗が市河親宗の参陣を確認したことを意味し、その際、おそらくは貞宗の軍奉行人の手元にある着到帳の記載内容との照合が行われたのであろう。そして、この確認を保証するために、貞宗の花押が据えられた。この別筆部分をまとめて証判《しょうはん》といい、これが書き加えられた後に、着到状はあらためて提出した親宗に返却されたのである。なぜ、再び本人の手に戻すかというと、後日、親宗が総大将足利尊氏に対して恩賞を申請する際の証拠書類としての提出に備えるためであった。

たびたびあった代官による参陣

ところで、この着到状や軍忠状《ぐんちゅうじょう》を見ていくと、軍勢催促命令をうけた本人が、さまざまな理由によって参陣できず、代官を遣わしている事例があることがわかる。

例えば元弘三年（一三三三）四月三日、護良親王《もりよししんのう》から出陣を命じる令旨《りょうじ》をうけた和泉国の和田《みきた》助《すけ》家《いえ》は、「自身においては治病更に発するの間、数輩の軍勢を子息助康に差し副えおわんぬ」、すなわち自身が病気のため代わりに子の助康《すけやす》を参陣させている（「和田文書」）。

また、能登国の得田章実は、貞和五年（一三四九）七月日付けの着到状のなかで、老齢のため相親しい代官の大津章広を発向させた旨を報告している（「得田文書」）。

さらに、建武元年（一三三四）六月二十五日付けで、信濃の市河助房《すけふさ》・同倫房《ともふさ》・同経房《つねふさ》は連名で着到状を提出しているが、そのなかで「叔母【新野大良入道女子】去る二十四日他界の間、禁忌《きんき》最中たるによって」まずは難波助職《なんばすけもと》を代官として遣わした、と述べている（「市河文書」）。この場合、三名は軍勢催促を受けながらも親族の服喪《ふくも》中を理由に進発せず、とりあえず代官を差し向けており、命令者が納得するかは不明だが、少なくとも市河氏は自分たちの参陣より服喪を優先させたことがわかるのである。

着到状が成立する前はどうしていたか

さて、こうした形式の文書で最も古いものは、鎌倉後期の弘安八年（一二八五）十一月二十三日付けの播磨国御家人広峯長祐《ひろみねながすけ》が作成・提出した着到状である。これは、霜月騒動《しもつきそうどう》（同年同月、内管領《うちかんれい》平頼綱《たいらのよりつな》が安達泰盛《あだちやすもり》とその一族を滅ぼした事件）が起きた際、長祐が六波羅探題《ろくはらたんだい》に馳せ参じた旨を報告したものである（「広峯文書」）。

それ以前、例えば源頼朝《みなもとのよりとも》挙兵のころにも、武士たちが頼朝のもとに馳せ参じた際、何らかの着到を上申した文書を提出したことが知られている〔佐藤秀成二〇一九〕が、これは名簿形式のもの（注文《ちゅうもん》）と思われる。その後、鎌倉幕府の体制が安定してくると、御家人は京都大番役《きょうとおおばんやく》や鎌倉番役《かまくらばんやく》、元寇《げんこう》以後に始まった異国警固番役《いこくけいごばんやく》などの平常軍務が主なものとなり、こうした場合は勤めた御家人ではなく、彼らを統率した守護が次のような文書を作成した。

京都大番役の事、六箇月勤仕の事終えおわんぬ。帰国においては、意に任せらるべきの状件の如し。

弘長四年正月二日　道仏（島津忠時）（花押）

比志嶋太郎殿

これは、弘長四年（一二六四）正月二日に、時の薩摩守護島津忠時《しまづただとき》が同国御家人比志嶋太郎《ひしじまたろう》に対し、六ヵ月の京都大番役の勤めを確かに終えたから薩摩に帰国してよろしい、と伝えたものである（「比志島文書」）。つまり、上官が部下に対して出した勤務終了証明書であり、これを覆勘状《ふっかんじょう》という。

一方、突発の変事に際しては、御家人は前掲のような着到状を作成・提出したが、鎌倉期では、正中《しょうちゅう》の変《へん》（正中元年〈一三二四〉に起きた後醍醐天皇による一回目の倒幕謀議）より前のものが、十七通確認されている〔佐藤秀成二〇一九〕。

大将側が着到帳を付けた目的

では、大将側がまず着到帳を付けたのは、単に参陣してきた武士たちを記録するためだったのか、それとも何か他に特別な目的があったのか、見ていくことにしよう。これに関し、『太平記』の三ヵ所の記述を紹介する。

①九月一日、六波羅の両検断、糟屋三郎宗秋、隅田次郎左衛門、五百騎にて、宇治の平等院へ打ち出でて、軍勢の着到を付くるに、催促をも待たざるに、諸国の軍勢、夜昼引きも切らず馳せ集まって、十万余騎に及べり（第三巻、笠置合戦の事）。

②足利宰相中将義詮は、その比《ころ》京都におはしけるが、八幡、比叡、坂本に大敵を承《う》けて、油断すべきにあらず、着到付けて勢の分際を見よとて、正月八日より、日々に着到を付けられけるに、初めの日は、三万余騎と註《しる》したりけるが、翌日《つぎのひ》は、一万騎に減ず。また翌日は、三千騎になる。「これはいかさま、御方《みかた》の軍勢、敵になると覚ゆるぞ。道々に関を居《す》えよ」（第二十九巻、桃井《ものい》四条河原合戦の事）

③義長《（仁木）》は、分国より召し上《のぼ》せたる兵ども、未だ一人《いちにん》も下さで措《お》かれたりければ、天王寺の大勢、すでに二手になって攻め上ると告げければども、あへて物ともせず、「さもあれ、当手の軍勢いか程かある。着到を付けて見よ」とて、国々を分けて付けさせたるに、手勢三千六百余騎、外様の軍勢四千余騎とぞ注《しる》せり（第三十五巻、京勢重ねて天王寺に下向の事）。

まず、①はいわゆる元弘《げんこう》の乱《らん》（元弘元年〈一三三一年〉）の際、笠置山《かさぎやま》（京都府笠置町）に移った後醍醐天皇方を攻めるため、六波羅探題の二名の検断《けんだん》（警察・軍事を担当）が五百余騎を率いて宇治（同宇治市）に出陣、諸国からの軍勢の参集を待っていたところ、十万余騎が馳せ集まった、という話である。また、②は観応二年（一三五一）正月、足利義詮《よしあきら》が叔父足利直義の軍勢により窮地に陥ったときの様子を記した部分である。さらに、③は延文五年（一三六〇）七月、幕府内で細川清氏《ほそかわきようじ》・畠山国清《はたけやまくにきよ》等と対立した仁木義長《にっきよしなが》が、摂津天王寺《てんのうじ》（大阪市天王寺区）に着陣した敵軍に対抗するため、自らの分国から兵を集めている場面である。

いずれの場合も、大将としては自らの陣営にどれほどの軍勢が集まるか、ということに確信がもてず、それゆえ着到を付けて確認しようとしたことがわかる。しかも、このうち②は義詮が日々着到を付けさせており、それにもかかわらず、一日ごとにその軍勢が激減したことが描かれている〔松井一九九二〕。

これに対し、着到状のほうは後の恩賞申請の際の証拠とするため、参陣した武士の発意で作成されたものと推測されている。たしかに大将側は、参陣の事実はすでに着到帳に記入した時点で確認しているから、ことさらこれとは別に着到状の提出を求める必要性はなかったものと思われる〔松井一九九一〕。大将側も戦闘が続くなかで、前代のようにいちいち覆勘状を作成することは難しくなっており、着到状に証判を加えることでそれに代えたとみなすこともできよう。

着到状が内乱初期に集中するわけ

ところで、九州地方における年次別の軍忠状〔後述〕・着到状の残存状況を調査した漆原徹氏は、軍忠状が南北朝期を通じて見られるのに対し、着到状は元弘争乱期および南北朝初期、すなわち一三三〇年代に集中している、と分析した〔漆原一九九八〕。これは、全国的な傾向と判断してまちがいない。いったい、どのような理由があったのだろうか。

一三三〇年代というのは、盤石と思われていた鎌倉幕府が意外にもあっけなく倒れ、その後に樹立された建武政権もわずか二年半で崩壊した時期にあたる。そうしたなかで、武士たちは倒幕軍か幕府軍、あるいは南朝方か北朝・足利方のいずれに属するか、文字どおり命を懸けた厳しい選択を迫られ続けたのであった。したがって、ある武士がいずれの陣営につくか、ということ自体がきわめて大きな問題となり、それゆえいずれかへ参陣し、それを報告することが一つの軍功に値したと考えられるのである〔漆原一九九八〕。

その後、建武五・暦応元年（一三三八）ごろには南朝の退勢は明らかとなり、幕府内部の抗争（いわゆる観応《かんのう》の擾乱《じょうらん》）は起きたものの、もはや個々の武士の動きが流動化する、というような状況にはならなかった。そのため着到状を提出する、ということの意味が薄れ、恩賞を得るために最も肝要な、実際の軍功を書きあげた軍忠状の作成・提出のほうが重視されるようになっていったものと考えられる。

このことに関して興味深いのが、建武三年十一月二十一日付け、大隅の禰寝清武《ねじめきよたけ》の着到状である。これは、日向国大将畠山義顕《よしあき》が同国凶徒《きょうと》伊東祐広《いとうすけひろ》・肝付兼重《きもつきかねしげ》を誅伐するために発向した知らせを受けた清武が、これに従軍すべく同国の国富荘《くどみのしょう》太田《おおた》城に馳せ参じたことを報告したものだが、その裏《うら》書《がき》に「当参《とうさん》について御判を成すといえども、帰宅せしむるにおいては、忠を無しに処すべき也」とある。つまり、畠山義顕が「（禰寝清武は）参陣したので証判を加えたが、この後帰宅した場合には軍忠はなしとみなす」と判断していたことがわかる（「禰寝文書」）。こうした文言を付した背景には、実際に参陣して着到状を提出したものの、その後の戦闘には参加せずに帰ってしまった者がかなりいたという状況があったことが推測できよう。これではますます、大将側が着到状を軍功の一つとして認めることは難しくなっていったであろう。

室町期以降になると、この傾向はますます強まっていった。すなわち、守護が世襲的に任国を維持するようになった（守護大名化）ため、その地縁的関係により管轄下の武士たちの被官化が進み、家臣団が形成されていった。そうなると、家臣なのだから大名の合戦に従軍するのは当然の義務となり、着到状を作成・提出する意味も必要性もなくなってしまったのである〔瀬野一九八〇〕。

3. 軍功を認めてもらう——軍忠状

軍忠状の成立はいつか

参陣した武士は、いよいよ自らが属した大将のもとで戦い、軍功をあげようとする。そして合戦後、その状況や戦果について記した文書を作成し、大将に提出した。これを軍忠状という。

鎌倉時代の初めごろまでの軍功報告は、武士が直接大将のもとに赴き、分捕《ぶんど》った首などの戦果を示しながら、口頭で行っていたものとみられている。それが中期以降になると、合戦が大規模化し、全国各地から武士たちが馳せ参じるようになったため、指揮官がいちいち口頭で報告を受けることが困難となり、その結果、軍忠状が作成されるようになった、とされている〔瀬野一九八〇〕。

何となくわかるような気もするが、鎌倉幕府成立前後の時期の内乱は全国規模のものだったし、承久の乱もあったので、正直なところ疑問の残る説明ではある。ただ、（もちろん、残っている史料が少ないという事情もあるが）実際にこの時期の軍忠状がまったく見られないことも事実である。

では、現存する最も古い軍忠状はいつのものかというと、後述するように異論もあるが、次に示す蒙古襲来のときの文書である、とするのが一般的である。

薩摩国御家人比志嶋五郎二郎源時範《ときのり》申す

早く合戦の忠勤によって御注進に預からんと欲する子細の事、
副《そ》え進《まい》らす
大炊亮殿より賜る所の証状案文
件の状、去年六月二十九日蒙古人の賊船数千余艘壱岐嶋に襲来の時、時範親類河田右衛門尉盛資《もりすけ》を相具し、彼嶋に渡り向かい、防禦せしむる事、大炊亮殿御証状に分明也。次の月七月七日鷹嶋合戦の時、陸地より馳せ向かう事同前を以て、爰《ここ》に時範合戦の忠勤によって、御裁許に預からんがため、粗《あらあら》言上件の如し。
弘安五年二月　日

これは、二度目の蒙古襲来、すなわち弘安の役の際に薩摩の御家人比志島氏が、壱岐《いき》島および鷹《たか》島で防戦したことを報告したものである（「比志島文書」）。

南北朝期に普及する

そして、鎌倉最末期、元弘の乱と建武政権崩壊後の南北朝内乱期になると、全国各地で合戦に参加した武士たちによって大量の軍忠状が作成された。次に一例を示そう。

山内首藤三郎時通申す軍忠の事、
右、今年【建武三】三月二十五日、先代《北条時行》合戦の時、浜面《はまおもて》にて敵一人打ち取りおわんぬ。並びに時通が下人弥次郎男打ち死にしおわんぬ。この条板倉右衛門太郎・庄又六見知せしめおわんぬ。同二十六、七両日、又軍忠を致すの条、その隠れなし。よって合戦注進件の如し。

建武三年四月五日

「承り候いおわんぬ（証判）（花押）（斯波家長）」

〔訳文〕山内首藤《やまうちすどう》三郎時通《ときみち》が申しあげる軍忠の事。右の件について、今年三月二十五日の先代合戦のとき、浜面において敵一人を打ち取り、私の下人《げにん》弥次郎男が戦死しました。これらのことについては、板倉右衛門太郎・庄又六が確認しています。また、同月二十六、二十七の両日も軍功をあげていることはまちがいありません。合戦の報告は以上のとおりです。

建武三年四月五日

「了解しました（花押）（斯波家長）」

これは、山内首藤三郎時通が、建武三年（一三三六）三月二十五〜二十七日の合戦に参加した後に作成・提出した軍忠状である（「山内首藤家文書」）。このうち、二十五日は鎌倉浜面（神奈川県鎌倉市）における「先代合戦」、すなわち北条氏の残党との戦いであり、時通は敵を一人打ち取り、また時通の下人（隷属性の高い被官）が戦死している。

軍功の内容をチェックする

時通は、これらを軍功の内容として書きあげているが、一般に最も大きな軍功は本人の戦死とされている。この他、本人の負傷や一緒に戦った一族・郎党たちの死傷、それにもちろん敵を討ち捕ったことなども記されている場合が多い。

珍しいところでは、第三部第一章で詳しくふれるが、敵軍への兵粮輸送を遮断したり、反対に苦境に陥った味方に兵粮を送り届けたことを軍功として書きあげているものもある（「益田家文書」「禰寝文書」他）。さらに、陸奥の岡本良円《おかもとりょうえん》は観応の擾乱の際、足利尊氏の命をうけて小山《おやま》氏・宇都宮《うつのみや》氏・佐竹《さたけ》氏・那須《なす》氏・白河結城《しらかわゆうき》氏など、東国の有力武将たちのところに赴き、味方につくよう説得し、その結果を軍功として報告している（「秋田藩家蔵文書」）。戦闘に参加したわけではないが、味方をふやすための使者としての仕事を、良円は軍功としてとらえていたことがわかり、興味深い〔呉座二〇一四〕。

さて、軍忠状のなかに書きあげられた軍功は、あくまでも申請者が主張したものであり、これを受理した大将は、そのまま認めるようなことはしていない。恩賞に預かるために、実際よりも過大に申告することが十分に考えられるためである。

このことに関し、例えば下野の茂木明阿《もてぎみょうあ》（知貞《ともさだ》）は、建武三年（一三三六）十二月日付けで作成・提出した軍忠状のなかで、同月十日に奥州の北畠顕家《きたばたけあきいえ》や結城宗広《むねひろ》らの敵軍が「数万騎を引率し、結城の郡に寄せ来《きた》る」と記している（「茂木文書」）。奥州の南朝軍は相当な大軍ではあったかもしれないが、いくら何でも「数万騎」は多すぎる。この場合、軍功の内容そのものではないが、敵軍の数を過大に記すことで、そのような状況でも防戦にあたったという軍功の大きさを間接的に訴えたかったのであろう。

　こうした事情があるため、大将側は軍奉行などと呼ばれる担当役人が、武士たちの申告してきた軍功の内容を実際にチェックし（これを当時は「実検《じっけん》」と呼んだ）、その結果を「実検帳」と呼ばれる書類に記録した。このあたりの手続きがはっきりと記されている軍忠状を次に示そう。

　平賀孫四郎共兼、去る（建武三年）六月五日当御手に属し、西坂本へ馳せ向かい、（中略）次に同六日、共兼一族松葉十郎疵を被り【射疵、顔】、旗差十郎太郎同じく疵を被りおわんぬ。この条土岐宮内卿（律師道謙）見知《げんち》せしめおわんぬ。是等の次第、実検奉行【執事御内】須多大弐房並びに二階堂（行朝）信濃入道代大部又太郎、羽尾六郎見知を加え、実検帳に入れられ候いおわんぬ。（以下略）

　これは、安芸の平賀共兼《ひらがともかね》が建武三年七月六日付けで作成・提出した軍忠状の一部だが、このなかに一族や旗差《はたさし》（第三部第二章2を参照）の負傷状況を最終的に実検奉行がチェックし（「見知を加え」）、その内容を実検帳に記入したことが書かれている（「平賀家文書」）。

　こうした実検の場というのは、実際にはどのようなものだったのか。残念ながら南北朝時代を描いた絵巻物などには見当たらないが、有名な「蒙古《もうこ》襲来《しゅうらい》絵《え》詞《ことば》」のなかに、これに相当する場面が描かれている。これは、弘安の役（弘安四年〈一二八一〉）の際、絵詞の主人公である肥後の竹崎季長《たけざきすえなが》が自らの軍功を報告しているところであり、上官である同国守護安達盛宗《もりむね》（正確には正守護は父泰盛で、盛宗はその名代。守護代とは異なる〔伊藤二〇一〇〕）の前には、季長が討った元軍兵の頸が二つ置かれている。季長は盛宗に自らの軍功を報告している様子だが、ここで最も注目すべきは、二人の側で携帯用の硯箱《すずりばこ》を用意し、片手には巻紙《まきがみ》らしきものをもって、今まさに記録を始めようとしている「執筆《しゅひつ》」の存在である。

弘安の役での頸実検（『蒙古襲来絵詞』）　宮内庁三の丸尚蔵館蔵

この場面について、絵詞の詞書《ことばがき》には、「いき《（生）》のまつばら《（松原）》にて守護のけざむ《（見参）》にいり《（入）》て当国一番のひきつけ《（引付）》につく」とあるが、引付《ひきつけ》とは記録という意味があるから、「執筆」が前述の「実検奉行」にあたる役目を担っているとみてよいだろう。この場面と、例えば建武三年七月日付けの広峯昌俊《まさとし》軍忠状案のなかの「同二十六日、彼の頸の御実検を遂げられ、記し置かれおわんぬ」という記述（「広峯文書」）とは、よく合致する。

勤務評定のなかみ

この実検帳には、申告してきた武士が分捕ってきた頸の数や、武士自身あるいは一緒に戦った一族・郎党などが被った疵の程度などが記録されたに違いないのだが、残念ながら私の知る限り、その現物は写しも含め一点も残っていない。しかし、今でいう勤務評定にも相当する、実検帳のなかみをうかがい知ることできる軍忠状の一種である合戦《かっせん》手負《ておい》注文《ちゅうもん》が、「熊谷《くまがい》家文書」のなかに三点現存する。そのうちの一点を次に示そう。

（端裏書）「熊谷小四郎進す　五　正慶二四二」

（証判）「定恵（花押）
資清（花押）」

註進　手負人交名（名簿）の事
熊谷小四郎直経【右脚の内外二箇所骨を射徹さる、同脇の下物具を射徹さる、
次に左股外同前、已上四箇所、】　（異筆）「深」
籏差仲平三男（景能）【右膝節一所、同外股二箇所、同内股一箇所、左足頸
骨を射徹さる、已上五箇所、】　（異筆）「浅」

右、直経去る二月二十五日楠木城に馳せ向かい、大手堀際に攻め寄せ、数十枚の楯並びに土石を以て堀を埋め、度々の御合戦軍忠を抽んずる所也。将《まさ》に又、閏二月六日、重ねて当城【千岩屋と

号す】に馳せ参じ、大手堀際において、矢蔵を搆《かま》え、数箇度御合戦忠勤致しおわんぬ。しかるに今月一日、大手西山中尾登先において、忠節を抽んじ、疵を被るもの也。よって註進の状件の如し。

正慶二年四月二日　　平《（熊谷）》直経（花押）

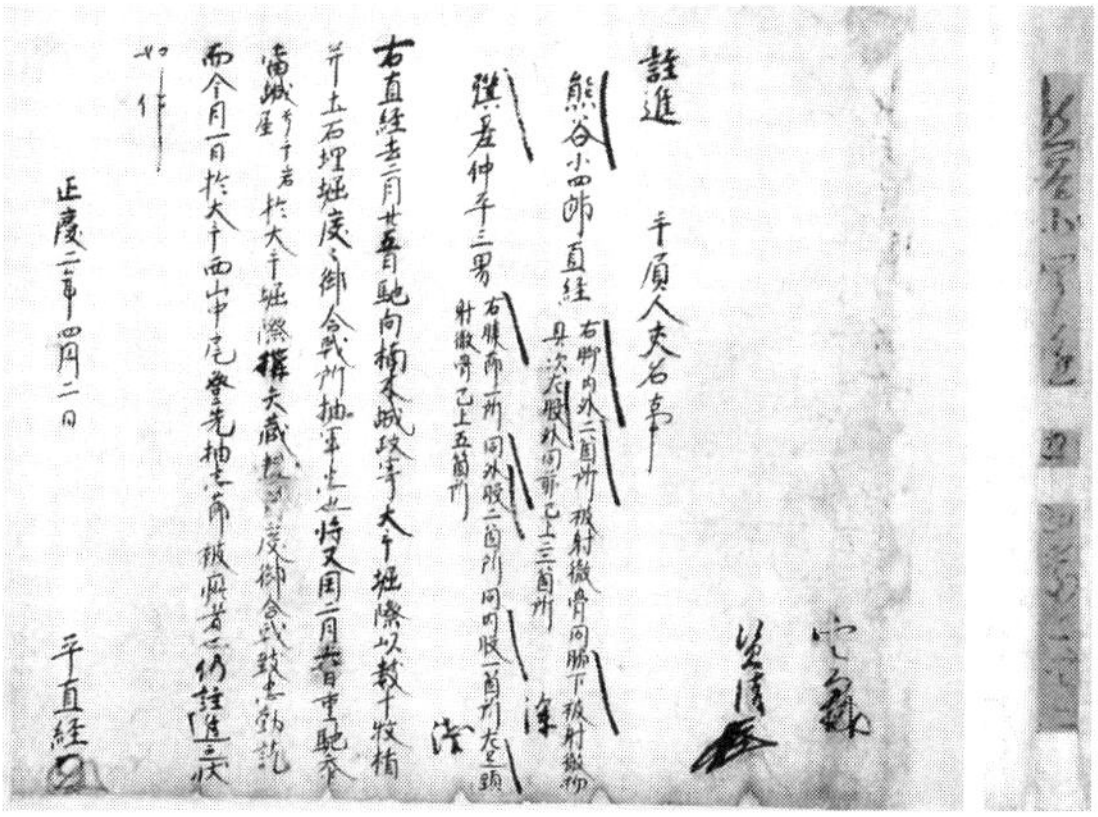

熊谷直経合戦手負注文（「熊谷家文書」）　山口県文書館蔵

はじめに合戦で負傷した二人の氏名と、それぞれの疵の具合が詳しく記されているが、それに続けて二月二十五日の楠木城（赤坂《あかさか》城）、閏二月六日と四月一日の千岩屋（千早《ちはや》）城での軍忠内容も書きあげられている。まず注目すべきは、二人の氏名とその疵の具合が記されたところの右脇に、計十一ヵ所「合点《がってん》」と呼ばれる線がつけられていることである。これは、軍忠の認定を担当する奉行がチェックのために入れたものであり、今の「✓」に相当する。

この奉行とは、文書の一番右側（袖《そで》）の下に署名と花押を記した定恵と資清の二名をさすと考えられるが、最も注目すべきは、やはりこの両名が書き入れた「深」と「浅」という文字である。これは、実際に直経《なおつね》と旗差の疵の具合を見て、両奉行が直経については深手、旗差のほうは疵は浅い、とそれぞれ判定した結果と考えられている。つまり、この「深」と「浅」が二名の勤務評定ということであり、当然ながら深手を負った直経のほうが、より恩賞に結びつく可能性の高い軍忠ということになったであろう。

一般的な軍忠状を含め、こうした手負注文のなかに合点が付されているものは他にもあるが、「深」・「浅」のような認定結果を記したものは、私の知る限り、右の文書も含めた「熊谷家文書」のなかの三点以外は現存していない。本来、こうした認定結果は大将側が保管する実検帳のほうにのみ記録すべきものと考えられるが、この三点の手負注文のほうに書き込まれた理由は不明である。あるいは、これらがまだ軍忠状というものが作成され始めてまもない時期のもので、手続きが定まっていなかったためなのかもしれない。いずれにせよ、これら三点の手負注文は、軍忠認定の具体的状況がうかがい知れる、きわめて貴重な史料といってよいであろう。

味方の武士に証言を求める

ところで、軍忠状に記される軍功の内容は、敵兵の頸や自らの疵の具合など、奉行が実検の場で確認できるものもあったが、先駆《さきがけ》や追捕《ついぶ》などの戦闘行為についてはそれが不可能だった。そこで、申請者は戦闘に参加する際、あらかじめお互いに軍功の証人となる者を決めておいたという（ただし、戦闘の展開によっては最初に決めておいた証人と離れてしまうこともあったはずであり、そうした場合には合戦の途中、あるいは直後に証人となりうる者に依頼したものと思われる〔漆原二〇〇三〕。これを「同所合《どうしょかっ》戦《せん》の仁《じん》（輩《ともがら》）」などといい、例えば播磨の島津忠兼は、建武三年（一三三六）三月日付けで作成・提出した軍忠状のなかで、同月十六日に同国内で行われた合戦において、自らの若党数名が討ち死にしたことに関し、「同所合戦の仁高鼻和三郎太郎・浦上孫三郎以下の輩見知せしむるの上は」と記している（「越前島津家文書」）。

軍忠状の提出をうけた大将側も、確認が必要と認めた場合は、軍忠状のなかに記された「同所合戦の仁」たちに対し、文書による報告を求めた。このとき、大将側が出す文書を「問状《といじょう》」という。これをうけて証人たちは、申請者が申告した軍功の内容がまちがいない旨を神文《しんもん》（神仏に誓う旨を記したもの）を付して報告した。これを請文《うけぶみ》といい、次はその実例である。

去る九月二十四日御書下謹んで拝見仕り候いおわんぬ。抑《そもそも》仰せ下され候如くんば、深堀孫太郎入道明意申す、去る月三十日豊福原合戦の時、郎従宇恵野三郎次郎疵を被ると云々。見知の条、子細なく候。この条偽り申し候はば、八幡大菩薩の御罰を罷り蒙るべく候。この旨を以て御披露あるべく候。恐惶謹言。

建武三年十月九日　　沙弥《（大村）》妙言　裏判

〔訳文〕去る九月二十四日付けの問状謹んで拝見しました。深堀明意が軍忠として申請した、八月三十日の豊福原合戦で郎従宇恵野三郎次郎が負傷したという内容が事実かどうか、との問い合わせをいただきました。これについては、私が確認しておりますので、まちがいありません。このことに偽りがあれば、八幡大菩薩の御罰をお受けいたします。以上のことについて、大将にお知らせください。

右の請文を作成した大村妙言《おおむらみょうごん》が深堀明意の「同所合戦の仁」であり、大将の命をうけ、明意の軍功について文書をもって証言しているのである（「深堀文書」）。

厳格に行われた確認作業

軍功内容の確認作業を、証人たちに文書をもって報告させるなどの手続きをふむ形で行うようになったのは、やはり蒙古合戦を契機としていた。すなわち、申請者から軍功内容を書きあげた申状《もうしじょう》（これが後の軍忠状となる）を受け取った九州守護は、申請者本人（または代官）を呼び出して喚問し、さらには証人を召喚して尋ねたり、あるいは起請文言《きしょうもんごん》（神仏にかけて偽りないことを誓う）を載せた報告書（これを請文《うけぶみ》という）を提出させたりして確認する。

そして、もし両者の主張内容に矛盾があれば、何度でも喚問したり文書を提出させた。とくに証人の請文は、本来なら申請者本人が受け取って守護に提出するのが当事者主義を基本とするこの時代の慣例だが、守護は証人たちに直接持参するよう命じている（「右田家文書」）。これは、申請者本人と証人との口裏合わせを警戒しての措置とみられている。

たしかに、持ちつ持たれつで証人が申請者に都合のよい請文を作成し、立場が逆になった場合にも同様にされたら、守護側は虚偽を見破れない可能性が高くなる。南北朝初期に作られた有名な二条《にじょう》河原《がわら》落書《らくしょ》のなかで、「この頃都にはやる物」の一つとしてとりあげられている「虚軍《そらいくさ》」は、まさにこうした軍功内容の虚偽申請のことをさしているのである〔漆原一九九八〕。

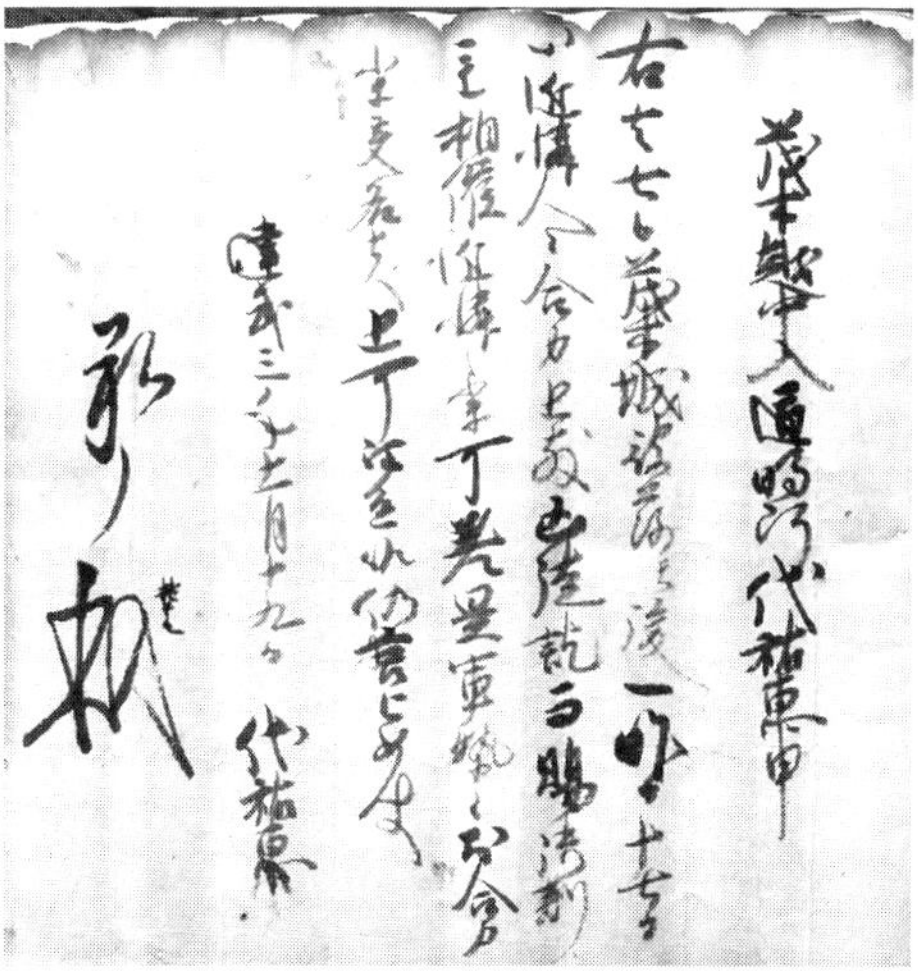

茂木明阿代祐恵軍忠状（「茂木文書」）　個人蔵

本人へ返却される

さて、こうした手続きを経て、申請者の軍功内容が確認できると、大将は提出された軍忠状の奥に「承わりおわんぬ」などと書き入れ、その下に自らの花押を据えて本人に返却する（袖に書き入れる場合もあり、大将が申請者に対し、より尊大な姿勢を示している）。

二十五頁に掲げた山内首藤時通軍忠状の場合、足利一門で当時、関東・奥州の軍事権を総轄していた斯波《しば》家長《いえなが》が証判を加えている。軍忠状のなかに「誰々という大将に従い」などと書く場合が少なくないが、この時通の軍忠状のようにそうした記載がなくても、証判の花押形によって家長に従って戦ったことがわかるのである（ただし、まれに大将自身ではなく軍奉行などが証判を加える場合もある）。

証判が加えられた軍忠状のことを「証判状」・「一見状」などと呼ぶ。本人に返却されたのは、着到状と同様、後に恩賞申請の手続きをする際の最も重要な証拠書類として提出するためであった。

なお、二十四頁で「異論もある」とした弘安五年二月日付けの比志島時範申状が軍忠状とはいえない、とする説の根拠の一つは、証判が加えられていない点にあった。いったん上申されたものが、証判を加えられて本人に返却される複合文書という特徴があって、はじめて軍忠状と呼べる、というのである。

そしてもう一つは、このことにも関連するが、恩賞申請手続きのなかでの申状の位置づけが軍忠状とは異なる、ということである。すなわち、蒙古襲来の段階では武士はまず軍忠内容を口頭で申請し、それをそのまま大将側が文書化して幕府へ上申し、その過程で疑義が生じた場合、あらためて幕府側から命じられて申状を作成・提出したのである。一方、南北朝期の軍忠状は、制度的な軍功認定手続きの一環として、申請者が自発的に提出したものであった〔漆原二〇〇三〕。

第二章　恩賞を受けるまでの複雑なプロセス

1．上官の推薦をもらう――挙状

挙状とは

直属の守護・大将から証判を得て軍忠状を返却された武士は、この後どうしたのか。軍忠状を持って恩賞給付権を有する幕府へ申請に行ったのかというと、まだそれ以前にいくつかの手続きが必要だった。

その一つが、こうした軍忠状を幕府へ提出する際に、証判を加えた守護・大将自身に申請者の軍功がまちがいない旨を記した、いわば推薦状を作成してもらうことである。これを挙状《きょじょう》という。次に具体例を掲げよう。

島津式部孫五郎（山田宗久）入道々慶申す軍忠の事、子細無く候。この旨を以て御披露あるべく候。恐惶謹言。

建武三年三月二十四日　　沙弥道鑑（島津貞久）（裏花押影）

進上　御奉行所

〔訳文〕島津道慶が申請している軍忠の内容については、まちがいありません。この旨、ご報告いたします。

これは、薩摩守護島津貞久《さだひさ》が、配下の島津道慶《どうけい》（山田宗久《やまだむねひさ》）の提出した軍忠状の内容に誤りがないことを幕府侍所《さむらいどころ》に報告したものであり、具体的な軍功内容にふれていないのは、この挙状と一緒に貞久の証判が加えられた道慶の軍忠状が添付書類として上申されたためと考えられる（「薩藩旧記十八所収山田文書」）。

そして、このような手続きが初めてとられたのは、蒙古合戦のときだったとみられている。

当国御家人比志嶋五郎次郎時範申さしむ蒙古合戦の間の事、

去年六月二十九日五郎次郎並びに親類河田右衛門尉盛資相共に長久の乗船に罷り乗り、壱岐嶋に渡り候実正に候。同閏七月七日鷹嶋合戦の時、五郎次郎陸地より馳せ向かうの条、見知せしめ候いおわんぬ。もしこの条偽り申し候わば、日本国中大小の神罰を長久の身に罷り蒙るべく候。恐惶謹言。

弘安五年四月十五日　（島津）大炊助長久

これは、軍忠挙状に関する初見文書で、時の薩摩守護島津久経《ひさつね》の弟長久《ながひさ》が、弘安の役の際の同国御家人比志嶋時範の軍功内容（ここではある程度具体的に記されている）についてまちがいない旨を、起請文言を付して上申している（「比志島文書」）。漆原徹氏は、軍忠挙状の成立は、蒙古合戦時においてきわめて厳格に行われた、文書による軍功認定手続きのなかで必要とされた「同所合戦の仁」の見知証文（軍忠申請者と一緒に戦った武士が、その内容にまちがいない旨を報告）が起源となっており、このうち守護正員ないしはその代官による報告書が挙状と呼ばれるようになった、と指摘している。

二段階の上申

ところで、漆原氏によれば通常、軍忠挙状の上申は、軍忠申請者の直接の指揮官から守護へのものと、その守護からさらに幕府へのものの二段階があった。後者については冒頭に掲げたので、ここでは前者の例を示そう。

伊豆国田代豊前又次郎入道了賢、国において軍忠の間の事、目安並びに一見状を捧げ候。この旨を以て御披露あるべく候。恐惶謹言。

建武三年十二月二日　沙弥信義（花押）
（由比）

進上　御奉行所

この文書の作成者である信義なる者は、付箋によれば当時、伊豆・駿河守護だった足利一門の石塔《いしどう》義房《よしふさ》の駿河代官であり、伊豆の田代了賢《たしろりょうけん》の直接の指揮官だったとみられる（「田代文書」）。了賢の軍功上申を正員である石塔義房に取り次いだもので、漆原氏はこのなかの「一見状」は了賢の即時型軍忠状（合戦直後に提出したもの）で、信義が証判を加えているが、「目安」のほうは一括型軍忠状（すでに即時型を出した後、あらためてそれらをまとめて出したもの）で、正員にしか証判権がなかったため、そのまま上申したものと指摘している（これら二型式の軍忠状については、第二部第三章1で詳述）。

なお、挙状にはここでとりあげた軍忠挙状の他に、当事者が後にあらためて恩賞を請求したり、本領安堵を求めたりする際、あるいは抱えている訴訟問題の解決を要求するために、上官に作成してもらうものもある〔漆原一九九八〕。

2．大将から褒められる――感状

感状の三類型

武士が自らの軍功について、まちがいないことを大将から認められると、提出した軍忠状に証判が加えられたうえで返却されるが、それとは別に、大将から軍功を賞する内容を記した文書が与えられる。これを感状《かんじょう》という。現在の感謝状に近いものだが、感状にはこれとは大きく異なる面がある。それは、感謝状は名誉が中心であるのに対し、感状は（もちろん家の名誉を高めるという面もあるが）武士にとっての最終目標である恩賞受給のための、きわめて重要な証拠文書となる、ということである。恩賞を申請する際には、これまで見てきたような軍勢催促状や着到状、軍忠状などが証拠文書となりうるが、大将や最終的には将軍自らがその武士の軍功を認め、これを賞する内容をもつ感状は、それらにまさる証拠能力をもつ、とみられている。

さて、この感状発給には大きく二つの段階があったとされている。まず第一段階では、その武士が属している守護や国大将などから下される。次に具体例を三点示そう。

①日向国凶徒肝付八郎兼重党類等、大岩田城に楯籠もるの間、没落の時、軍忠を抽んぜらるの条神妙、弥《いよいよ》その賞を励むべき也。よって執達件の如し。

暦応二年四月二十日　源（畠山義顕）（花押）

禰寝《ねじめ》（清胤）弥次郎殿

②高津城郭の事、各無沙汰の処、警固を致し慇懃《いんぎん》の忠節尤《もっと》も神妙也。この旨を以て注進せしむべきの状、よって執達件の如し。

暦応二年二月十八日　左馬助（上野頼兼）（花押）

俣賀《またが》掃部《かもん》左衛門尉殿

③度々の合戦の時、軍忠を致すの由の事、殊に以て神妙也。恩賞に至りては申し沙汰あるべきの状、仰せによって執達件の如し。

建武四年二月十日　源（斯波家長）（花押）

山内須（首）藤三郎（時通）殿

このうち、まず①は、日向の国大将畠山義顕が大隅の禰寝氏の軍功を賞し、さらに一層の忠節を尽くすよう督励したものである（「池端文書」）。感状は、前述したように給わった武士にとっては恩賞受給のための最も有効な証拠文書を得たことを意味するが、発給した大将には、これによって配下武士の士気をさらに高め、今後の戦闘でも引き続き従軍してくれることを期待する、というねらいもある。ただ、①のように「弥その賞を励むべき也」という部分がなく、単に軍功を賞する文言のみの感状も少なくない。

次に、②は石見守護上野《うえの》頼兼《よりかね》が、同国の俣賀《またが》氏の高津《たかつ》城攻めに関わる警固役勤務を賞し、さらに幕府へ注進することを伝えている（「内田文書」）。そして③は、鎌倉府執事斯波家長が山内首藤時通のそれまでの度々の合戦における軍忠を賞し、さらに恩賞については沙汰がある旨を伝えたものである（「山内首藤文書」）。

このように、感状とはいっても、そのなかに記されている文言によって三つの類型化が可能であり、このうち③はもちろんだが、少なくとも②のように大将が幕府への注進を約したものでなければ、恩賞給付は期待できなかった。そこで、①のような感状を与えられた武士は、②や③のような感状がもらえるまで、引き続き軍忠を重ねていくしかなかった、と考えられている。

ところで、第二部第一章4で詳しく述べるように、軍勢催促状のなかには私信としての性質をもつ書状形式のものが見られるが、感状でも同様のものを一点見出した。

> 去る晦日の夜討ちの時、手負われ候事、殊に以て感じ覚え候。能々《よくよく》療養あるべく候。恐々謹言。
> （応安二年カ）九月四日　　（赤松）則祐（花押）
> 後藤（基利）新左衛門尉殿

右は、播磨守護赤松則祐《あかまつそくゆう》が、配下の後藤基利《ごとうもととし》に対し、夜討ちの際に負傷したことに感じ入ったので十分療養するように、と伝えたものである（「後藤文書」）。形式的な内容の一般的な感状とは異なり、配下の武士への配慮が読み取れ、興味深い。

感状に見る尊氏・直義の権限の違い

ところで、漆原徹氏は観応の擾乱以前の南北朝前期における感状を分析し、①〜③いずれの型も大半は足利一門か高《こう》氏のような根本被官出身の大将たちが発給していること、このうちとくに恩賞文言を含む③型については、ほぼ彼らが独占していることを指摘した。そのうえで、このことは足利一門を中心とした軍事体制を構築しようとしていた初期室町幕府の意志を反映したもの、と論じている〔漆原一九九八〕。

第二部第三章2でも述べるが、近年ではそもそも初期幕府が外様守護の軍事指揮権に一定の制約が加えられるほど強力な権力だったのか、との疑問が提起されている〔堀川二〇一四〕。ただ、この感状発給者の分析結果に基づく漆原氏の指摘にふれているものは見られないようである。

さて、こうした大将による感状発給を前提に、第二段階として将軍足利尊氏やその弟直義自身の感状が出されたが、それらのほとんどは「恩賞有るべきの状件の如し」とか、「恩賞においては、追ってその沙汰有るべきの状件の如し」などの文言を含んでいる。そして、このうち恩賞給付を約束している前者は尊氏が、やや含みを残している後者は直義がそれぞれ発給しており、これは幕府体制の根幹に関わる、武士たちへの恩賞給付権を尊氏が握っていたことを示している、とされている。

ただ、このような状況は建武三年（一三三六）十一月までで終わり、それ以降になると直義も前者のような文言を含む感状を発給するようになる。すなわち、このころから尊氏が軍事指揮権についても実質的に直義に委ねたことを意味する、と考えられているが、この点については本章4でまたふれたい〔羽下一九七三〕。

なお、足利尊氏あるいは直義の感状は、彼ら自筆のものも発給されたようである。

軍忠の事、御自筆御感御書案文これを遣わす。その旨を存ぜらるべし。よって執達件の如し。

暦応二年四月二十五日　　　　沙弥（一色範氏、道猷）（花押影）

松浦宇久青方孫四郎（高直）殿

これは、肥前の松浦《まつら》高直《たかなお》の軍忠に対し、おそらくは直義の自筆感状が鎮西管領一色範氏《いっしきのりうじ》のもとに届いたので、その控えを届ける旨を範氏が高直に伝えたものである（「青方文書」）。「自筆」とわざわざ書いていることから、これが特例であるとわかり、そのことを知った松浦高直は、恩賞に預かる可能性がより高まったと感じ、一層の軍忠を励もうとしたことであろう。私の知る限り、他に尊氏が建武二年六月に武蔵の安保《あぼ》直実《なおざね》に対し、自筆感状を出した例がある（「安保文書」）。

3. あらためて恩賞を申請する――申状

恩賞給付のための最後の手続き

ここまでの流れで恩賞が給付されることもあったが（給付の実例については後述）、軍功が幕府によって認定され、感状まで下されたとしても、その後直ちに恩賞給付が実現されるとは限らなかった。その理由については、挙状を作成する担当奉行が交代した事例が知られる（「田代文書」）他は不明で、おそらくさまざまな事情があったものとしかいえない。ともかく、手続きが一向に進まないことも少なくなかったようである。

そうした場合、武士はあらためてこれまでの軍功を書きあげ、それらに関する証拠文書も添付して恩賞給付を申請する。次に実例を示そう。

小早河安芸五郎左衛門尉氏平謹んで言上す。

早く御手に属し、所々の合戦に忠節を致すの上は、御吹挙《すいきょ》に預かり恩賞に浴さんと欲する間の
　事
副え進らす
　　　　　　　　　　　　　　　　　　　　（細川頼春）
　　　　　　　　　　　　　　　　　　　　（花押影）
一通　大将【細川刑部大輔生口嶋《いくちじま》勢田城等の合戦の事】御一見状案
右、氏平前々都鄙《とひ》において軍忠を致すの間、御感御教書並びに大将御一見状等に預かりおわんぬ。よって恩賞の事、京都において言上せしむといえども、未だに事行われざるの間、愁訴を含むの処、予州凶徒誅伐の事仰せ下さるの間、生口嶋勢田城において軍忠を致すの条、御一見状に預かる。右に備うるの間、巨細《こさい》の注進に能わず。所詮、前々より忠に当たられ重畳《ちょうじょう》せしむるの上は、殊に御吹挙に預かり、恩賞に浴し、向後《きょうこう》弥忠勤を抽んぜんがため、粗《あらあら》言上件の如し。
　康永元年十一月　日

〔訳文〕（本文のみ）氏平《うじひら》がこれまで各地で軍忠を致したため、将軍尊氏様（ないしは直義様）からの感状や大将の御一見状を給わりました。よって、これらのことを幕府に報告しましたが、いまだに恩賞をいただけず、歎いておりました。そうしたところ、伊予で蜂起した敵を誅伐せよとのご命令がありましたので、生口嶋勢田城において軍忠を致し、提出した軍忠状にも大将（細川頼《より》春《はる》）より証判をいただきました。これを添付しますので、詳細な注進は致しませんが、ともかく

これまでたび重なる忠節を尽くしてきました。何卒ご吹挙いただき恩賞を給わり、今後ますます忠勤を励んで参りたいと存じます。以上、概略を申しあげます。

これによると、安芸の小早川氏平は各地を転戦して、それらについて提出した軍忠状にも大将から証判を給わり、さらに将軍尊氏ないしは直義の感状が下されたにもかかわらず、恩賞給付には至っていなかったことがわかる。そこへ伊予への出兵命令が出たので、これに参陣して軍功をあげ、これについての軍忠状にも大将細川頼春の証判を得て、今回その一見状の控えも添え、あらためて恩賞給付を求めたのである（『吉川家中並寺社文書』）。

この文書の内容は、一見すると軍忠状に似てはいるが、詳細な軍功内容は省略していること、証拠文書の控えが添付されていること、証判がないこと（この文書の場合、細川頼春の花押が袖に見られるが、通常はない）などの理由から、こうした型式の文書は軍忠状とは区別して、単に申状（あるいは言上《ごんじょう》状《じょう》）などと呼ぶべきである、という考え方が通説化している〔漆原二〇〇〇〕。

添付文書のなかみ

ところで、前掲小早川氏平申状の場合、添付文書は一通のみだが、康永四年（一三四五）十一月日付け税所《さいしょ》宗円申状案（『相良家文書』）には、実に七通もある。それらにはすべて年月日も付記してあり、まことに幸いなことに全部現存しているので、それぞれの内容を表に示そう。

	年月日	文書名	内容等
①	暦応3(1340)年7月10日	一色道猷感状	度々の軍忠を賞し、幕府への注進を約束する。
②	同8月28日	税所宗円軍忠状	暦応3年8月6日～26日までの相良（多良木）経頼・祐長誅伐に際する軍功を報告、少弐頼尚一族の筑後経尚の証判を得る。
③	同12月6日	足利尊氏感状写	②の件に関するもの。ただし少弐頼尚宛てで「軍忠の輩に伝えよ」としている。
④	暦応4(1341)年1月17日	少弐頼尚施行状案	③の控えを添え税所宗円にその内容を伝える。
⑤	康永元(1342)年9月29日	税所宗円軍忠状	康永元年9月26日、肥後国球磨郡久米郷木原々での相良経頼以下凶徒との合戦における軍功を報告、筑後経尚証判。
⑥	同10月6日	少弐頼尚感状案	⑤における宗円の軍功を賞し、幕府への注進を約束する。
⑦	同10月16日	一色道猷感状	⑤における宗円の軍功を賞し、幕府への注進を約束する。

表　税所宗円申状案の添付文書一覧

そして、これらに続く申状の本文では、それ以前、すなわち建武三年（一三三六）正月十日以来の日向や肥後などでの軍忠をやや詳細に書きあげ、表の①～⑦に関わる内容は「御教書並びに御一見状歴然也」とするのみでほぼ省略し、最後に「然らば急速に御注進を経られ、恩賞に浴し、弥忠節を致さんがため、言上件の如し」と結んでいる。もちろん、前半のやや詳細に記した建武三年正月十日以来の軍功についても、「御感御教書以下御覆勘状明白也」とあるから、これ以前に証拠文書の控えを添えて申状を提出済みと考えられる。

さらに、軍忠をふまえた恩賞申請のための申状には、恩賞として給わりたい具体的な地域名をあらかじめ指定してあるものも見られる。例えば、建武四年のものと推定される相馬乙鶴丸代妙蓮申状には、軍功の概要とともに下総国相馬郡内手賀・藤心村（前の領主は敵方だったとみられる新田源三郎）、上総国三直《みのう》・津久良海《つくらうみ》・真利谷《まりやつ》等の各郷、常陸国伊佐《いさ》郡西方、陸奥国行方《なめかた》郡をそれぞれ給わりたい、と要求している（「相馬岡田文書」）。そしてその根拠として、下総国内の地は先祖の本領であること、上総と常陸の地については、それまでの軍功に対する「一族中」への預け地であること、陸奥国内の地は由緒の地であることをそれぞれあげ、軍忠状の他にこれらの証拠となる土地関係の文書（「預所並びに由緒地注文」）を添付しているのである。

4．ようやく所領が与えられる――充行状

将軍とそれ以外の武将からの給付

これまで見てきたような一連の手続きを経て、ようやく武士に恩賞としての所領が与えられた。すなわち、幕府の担当機関である恩賞方の頭人（長官）が、必要な書類をまとめて担当奉行人に回付し、将軍臨席のもとで審議され、恩賞給付と決まれば下文《くだしぶみ》を発給したのである〔田中二〇一一〕。次にその一例を示そう。

①　　　　　　　　（花押《（足利尊氏）》）

下す　嶋津周防三郎左衛門尉忠兼

早く播磨国布施郷公文職を領知せしむべきの事

右、勲功の賞として充て行う所也。てえれば先例を守り沙汰を致すべきの状、件の如し。

貞和二年六月二十一日

①は、播磨の島津忠兼が将軍足利尊氏より、これまでの軍功に対する恩賞として、同国布施《ふせ》郷の公《く》文《もん》職を与えられたことを示す文書である（「越前島津家文書」）。内容的には充行状《あてがいじょう》といい、様式としては「下す」で始まることから、下文と呼ばれている。これは、主従制の根幹に関わる恩賞給付という、最も重要な内容を伝える場合（弟直義は所領知行の保障の際）に用いられた格式の高いものである。尊氏の花押は、将軍権力をより強いものとして示す目的で、文書の袖に据えられている。

ところで、①は将軍（幕府）からの所領充て行いの事例だが、将軍以外の武将が恩賞給付の主体となる場合もあった。次に、二つの事例をあげておきたい。

②筑後国高井蔵人三郎跡内田地三町・中徳井房跡内田地三町【屋敷已下田数によるべし】地頭職の事、勲功の賞として充て行う所也。早く先例を守り沙汰を致すべし。よって執達件の如し。

建武四年九月十日　沙弥（一色範氏、道猷）（花押）

龍造寺孫三郎（季利）殿

③大隅国肝付郡加世田城水手夜討の事、先打として攻め落とすの間、当国寄郡内百引《もびき》村地頭代官職を以て、給恩を充て行う所也。限りある年貢済物《さいもつ》に至りては、先例に任せてその沙汰を致すべき

也。次に公方恩賞においては、申し行うべきの状件の如し。

建武三年五月二十七日　　　　　道鑒《島津貞久》（花押影）

野上田伊与房《時盛》

いずれも、発給者が自らの命令を伝える書下《かきくだし》と呼ばれる様式の文書だが、このうち②は、鎮西管領一色範氏が肥前の龍造寺季利《すえとし》に対し、筑後国内の闕所《けっしょ》（知行人のいない土地）を勲功の賞として与えたことを伝えたものである（「龍造寺文書」）。鎮西管領は、その役職名からは九州全体の軍事・行政権を統轄しているようなイメージが思い浮かぶが、実際には自身のいる肥前を除き、少弐《しょうに》・大友・島津といった伝統的豪族や、足利一門で日向に派遣された畠山直顕《ただあき》などの管轄国にはあまり関与できなかった。ただ一応、幕府からは九州諸国の闕所地処分権を与えられていたようで、これに基づく②のような充行状を多く出している〔川添一九八二〕。

しかし、その書式に注目すると、文末の部分が「よって執達件の如し」となっており、「執達」は上意をうけて下にその旨を通達する意味だから、ただ「〜の状件の如し」と結ぶのと比べると、文書発給者（この場合は一色範氏）の独自性という点でやや弱い。こうした点にも、例えば関東諸国を統轄した鎌倉府《かまくらふ》（長官である公方《くぼう》は足利氏）とは異なる、将軍の純粋な官僚としての性格があらわれている〔山口一九八九〕。

一方、③は薩摩・大隅守護島津貞久が大隅の野上田時盛《のがみだときもり》に対し、同国加世田《かせだ》城攻めに際しての軍功に対する「給恩」として、同国内の所職を与えたことを伝えるものである（「薩藩旧記十八」所収）。これは②とは異なり、文末が「～の状件の如し」となっていて、完全に貞久のみの判断に基づく恩賞給付であることがわかる。そして内容を見ると、「公方」すなわち幕府からの恩賞とは別に、貞久の管轄下にあると推定される所職を与えられていることにお気づきであろう。つまり、「給恩」とは幕府ではなく貞久によるものであり、ここからは管轄国内の武士に私領を分与することによって、これを被官化していこうという貞久の積極的な意図が読み取れるのである〔稲本二〇一四〕。

ただ、こうしたことは、鎌倉期以来ほぼ一貫して守護に任ぜられ領国形成を進めてきた（ただし、大隅は断絶がある）島津氏のような豪族だからこそ可能だったのであり、南北朝期に新たに守護となった武将には、きわめて困難な行為だったであろう。

難航する恩賞地の引き渡し

さて、このような形で恩賞を与える旨の文書がもらえれば、これですべてが完了かというと、実はそう簡単なことではなかった。次の文書を見ていただきたい。

④深堀弥五郎政綱申す。恩賞地肥前国伊佐早《いさはや》庄内矢上空閑民部三郎入道妻豊嶋氏跡、戸石村内田地八町【畠地已下田数によるべし】地頭職の事、氏女支《ささ》え申すの趣、その謂《いわれ》なきか。早く彼所《かの》に莅《のぞ》み、下地を政綱へ沙汰し付くべしと云々。この條、仰せ下さるの旨に任せて、彼所に入部せし

め、政綱に打ち渡さんと欲するの処、城郭を構え、立ち入らざるの間、打ち渡しに及ばず候。若《も》しこの條偽り申し候わば、八幡大菩薩の御罰を罷《まか》り蒙《こうむ》るべく候。この旨を以て御披露あるべく候。

恐惶謹言。

　暦応三年六月五日　　沙弥禅覚請文（花押）

肥前の深堀政綱《まさつな》は、建武五年（一三三八）二月九日に鎮西管領一色範氏から勲功の賞として、同国伊佐早庄戸石村内の田地八町以下、数ヵ所の地頭職を与えられた。範氏は部下二名（両使《りょうし》という）を現地に派遣して、政綱への土地の引き渡しを行おうとしたが、元の所有者である豊嶋氏女が抗弁したため、暦応三年（一三四〇）五月四日、再び両使（禅覚・宗賀）に対し実行を命じた。

④は、これに対する禅覚の復命書（請文という）であり（同文の宗賀請文も現存する）、これによれば、豊嶋氏女はその地に城郭を構えて両使の立ち入りを妨害し、結局またも政綱への引き渡しはできなかったことがわかる。そして、この後も豊嶋氏女の抵抗が続いたため、範氏は詳しい事情を調べるべく、翌年十月七日、政綱に出廷せよと伝えるよう、別の両使に命じた。しかし、実際に出廷命令が出たのが、それより一ヵ月余り後の十一月十八日であり、政綱はこのことに不満を表明しながらも急ぎ参上する、と回答している（以上「深堀文書」）。

これ以降どうなったかは残念ながら不明だが、この事例から恩賞地の引き渡しは必ずしもスムースには実現しなかったことが読み取れよう。そして他の史料も参照すると、こうしたケースは決して珍

図　参陣から恩賞給付までの流れ

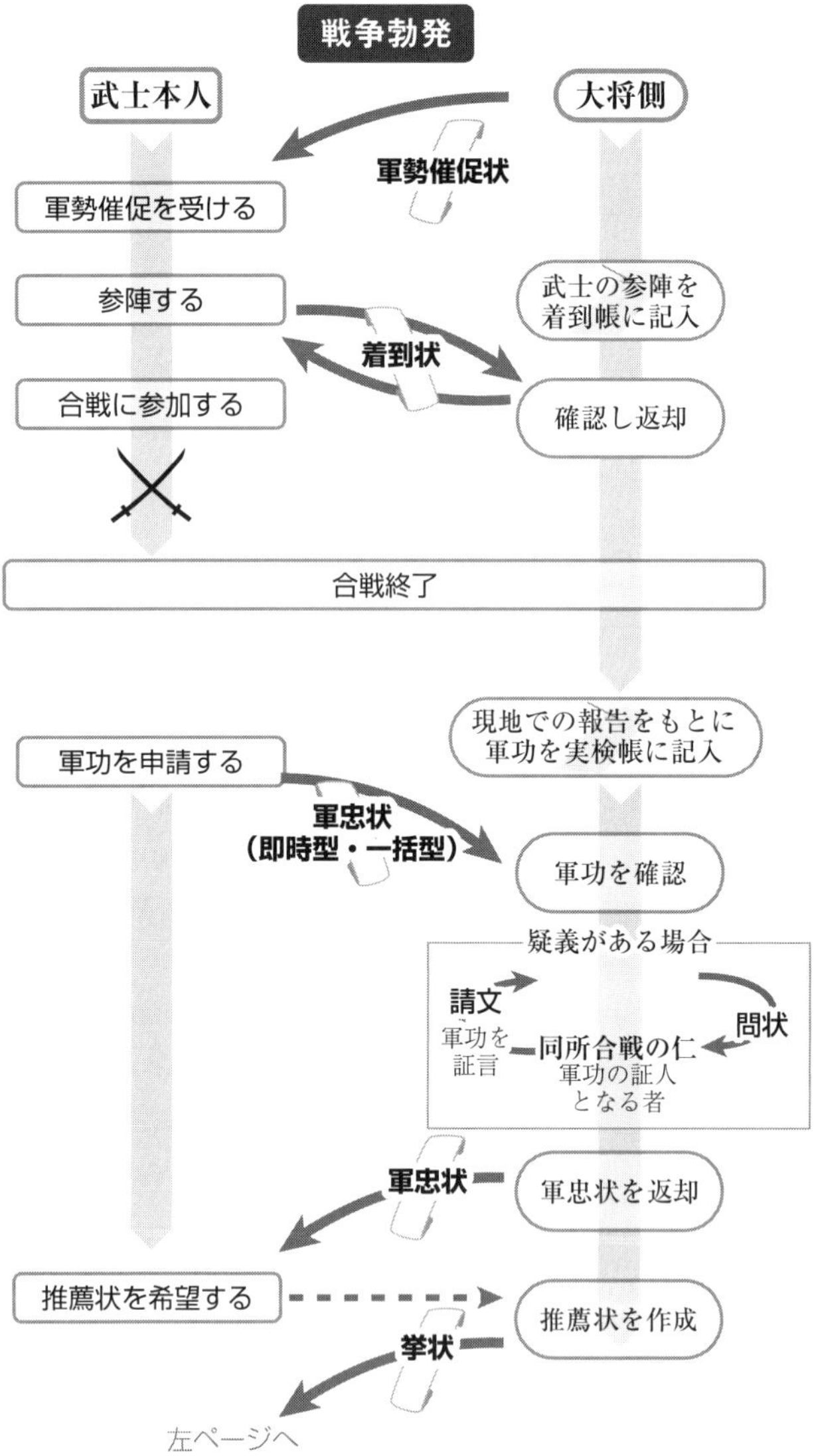
戦争勃発
武士本人
大将側
軍勢催促状
軍勢催促を受ける
参陣する
武士の参陣を着到帳に記入
着到状
合戦に参加する
確認し返却
合戦終了
現地での報告をもとに軍功を実検帳に記入
軍功を申請する
軍忠状（即時型・一括型）
軍功を確認
疑義がある場合
請文
問状
軍功を証言
同所合戦の仁
軍功の証人となる者
軍忠状
軍忠状を返却
推薦状を希望する
推薦状を作成
挙状
左ページへ

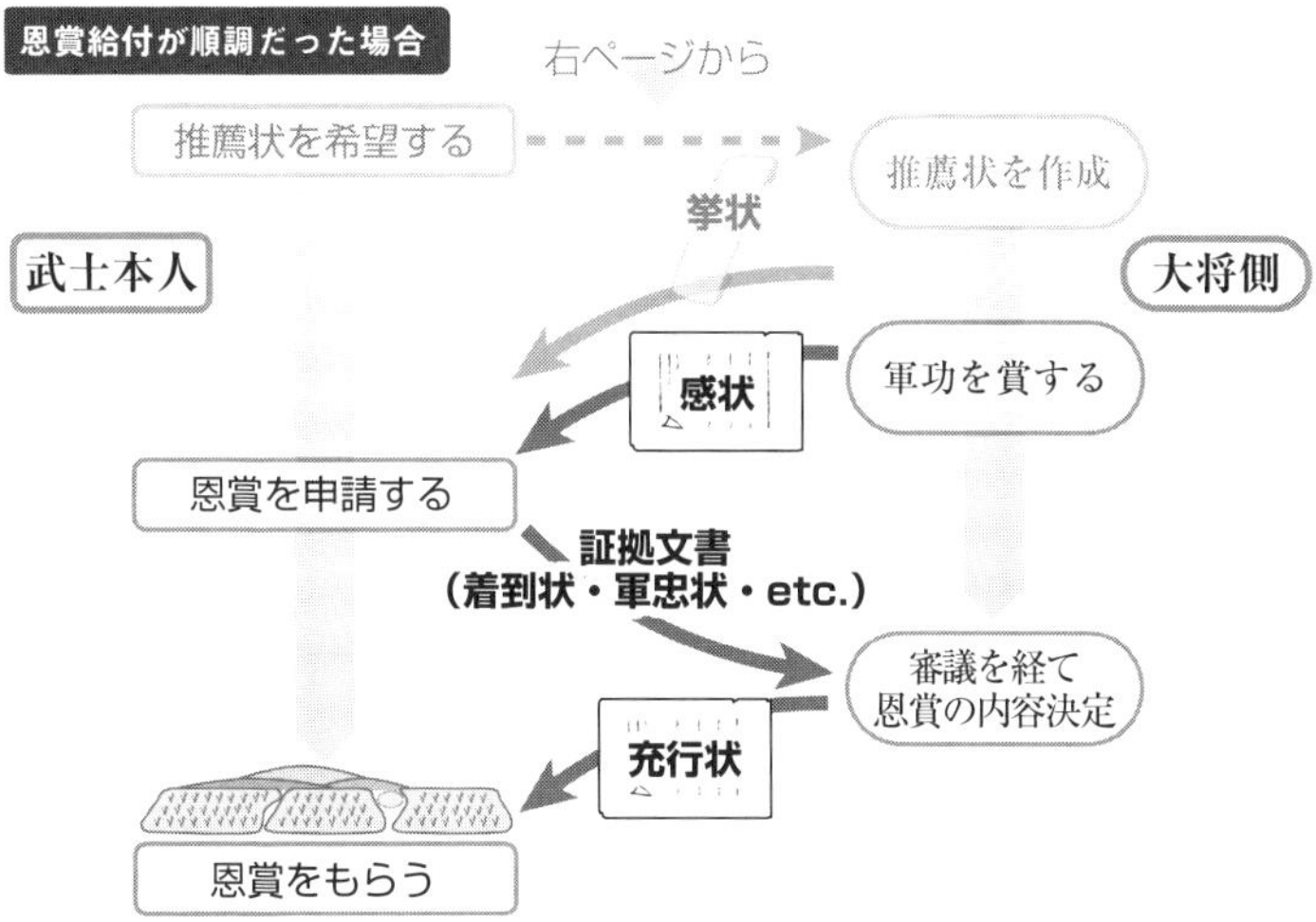
恩賞給付が順調だった場合
右ページから
推薦状を希望する
推薦状を作成
挙状
武士本人
大将側
感状
軍功を賞する
恩賞を申請する
証拠文書
（着到状・軍忠状・etc.）
審議を経て
恩賞の内容決定
充行状
恩賞をもらう

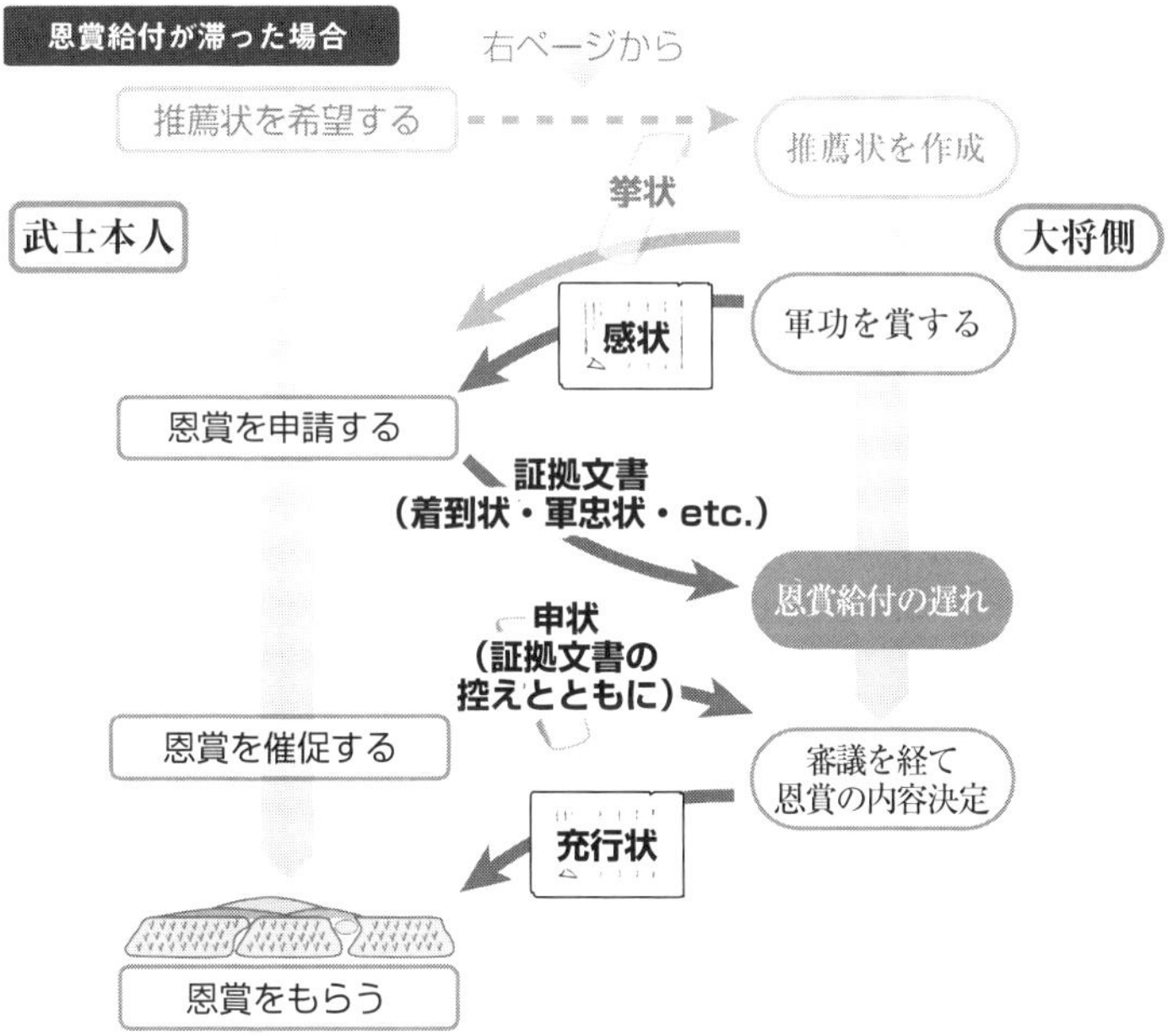
恩賞給付が滞った場合
右ページから
推薦状を希望する
推薦状を作成
挙状
武士本人
大将側
感状
軍功を賞する
恩賞を申請する
証拠文書
（着到状・軍忠状・etc.）
恩賞給付の遅れ
申状
（証拠文書の
控えとともに）
恩賞を催促する
審議を経て
恩賞の内容決定
充行状
恩賞をもらう

しくなかったものと思われる。

以前、闕所（④では「跡」と記されており、その人の遺領を意味する場合もある）は知行人のいない土地と説明したが、実際には元の所有者が存在している場合も少なくなかった。では、なぜ範氏がこの地を闕所としたかというと、それは敵方の所領である場合が多かったためである。もちろん、戦死者の所有地であれば、引き渡し手続きは容易だったかもしれないが、たとえ敵方が全体的に敗勢だったとしても、生き残っている者はいたはずである。そうした場合、範氏がその者の所有地を闕所と認定して配下の武士に与えたとしても、相手はそれを認めず、もちろん鎮西管領、あるいは守護の武力による支援はある程度期待できたであろうが、最終的には自らの実力（武力）により抵抗勢力を排除しなければ、恩賞地の獲得は実現できなかった。

さらには味方であっても、例えば寺社などに与えていた所領を（信じられないことだが）幕府自身が忘れていて、別の武士に与えてしまい、もめるというような場合も少なくなかった。

当事者主義、自力救済が原則だった中世においては、恩賞地一つをもらうのも、なかなか大変なことだったのである。

なお、第一部のまとめもかねて、まだまだ未解明な部分もあるが、一応これまで述べてきた参陣から恩賞給付までの流れを、大まかではあるがフローチャートにしてみた。五四・五五頁に見開きで掲載しているので、あわせて参照されたい。

第二部　軍勢催促・軍功認定・恩賞給付の再検討

第一章　軍勢催促をめぐる諸問題

1. 催促をする相手

誰に催促したのか

各地の武士が向背常ならぬ動きを示していた南北朝時代において、幕府はどのような方針に基づいて軍勢催促状を出したのか。誰彼かまわず、というのが言い過ぎなら、敵方についている可能性のある者にも出したのか。それとも、あくまでも幕府方として把握していた者にのみ出したのか。

この点に関し、漆原徹氏は武蔵の山内経之《やまうちつねゆき》が高師冬《もろふゆ》に従って常陸へ出陣したのに対し、経之が地元の日野《ひの》（東京都日野市）で深く信頼していた「新井殿」は、これに参陣した形跡がないこと（「高幡不動胎内文書」）を指摘し、これは元弘争乱以来、足利方の軍勢催促状の帳簿となる着到帳に記載がある御家人武士だった経之のみが催促を受けたこと、この時期、宮方でも武家方でもない中立層が存在し、積極的に幕府の軍勢催促に加わらなければ、その対象から免れていた者がいたとしても不思議ではないことなどを論じている〔漆原一九九五〕。

この指摘を裏づける史料として、例えば次のような文書をあげることができる。

伊予国忽那次郎左衛門尉重清申す軍忠の事

右、当年【建武三】五月上旬より吉見参河三郎殿【氏頼】の着到に付し、同二十八日洛中へ追い落とす。同じく六月五・六両日合戦、当御手軍奉行五井右衛門尉を差し遣わさるの間、軍奉行相共に軍忠を抽んじ、同七日中尾を越え無動寺に御向かうの間、重清馳せ向かい、同九日・十一日・十九日・二十日合戦、身命を捨て毎度散々戦さを致しおわんぬ。同晦日合戦、只須河原において分捕せしむの条、同時合戦の輩同国御家人野間三郎左衛門尉・新屋太郎左衛門尉見知せしむの上は、御証判を下し賜り、後証に備えんがため恐々言上件の如し。

建武三年七月　日

「承わりおわんぬ（吉見頼隆）（花押）」

右の軍忠状のなかで、忽那重清《くつなしげきよ》は建武三年（一三三六）五月上旬から吉見氏頼《よしみうじより》のもとに馳せ参じて「着到に付し」、すなわち着到帳に記載され、以後、五月末から六月下旬まで多くの合戦に参加していることがわかる（「忽那家文書」）。この着到帳にもとづいて、これ以後、大将は忽那氏への軍勢催促が可能となった。現に、次のような文書が残っている（同前）。

新田義貞已下の凶徒等誅伐の事、院宣下さるの間、合戦の最中也。早く一族を相催し、軍忠を致すべきの条件の如し。

建武三年六月二十九日　（花押）（足利直義）

忽那次郎左衛門尉殿

すでに参陣している者に軍勢催促状を出す？

ところで、このことに関して永山愛氏は、それまでの研究者が指摘していなかった点に着目した。すなわち、右の足利直義軍勢催促状だけを見てしまうと、忽那重清はこのとき初めて足利方から軍勢催促命令を受けたと判断しても仕方がないが、実際には先の軍忠状に見えるように、それ以前から足利方の吉見氏頼軍に参陣していた。つまり、軍勢催促状は従来のイメージとは異なり、すでに味方に馳せ参じている軍勢に対しても発給される、というのである〔永山二〇一七〕。

もちろん、そうではない場合もあったであろうが、たしかにこの指摘は、軍勢催促状をもらう武士側の立場に立った新しい見方といえよう。

ただし、それでも私には疑問が残る。それは、「軍勢催促状を受給する前に、すでに味方に馳せ参じた武士は、そもそもなぜ参陣した（できた）のか」ということである。この点に関し、永山氏は催促がなくても自発的に馳せ参じて着到状を提出するという動きがあった、とする佐藤進一氏の指摘〔佐藤一九九七〕を紹介しているが、その佐藤氏もそれ以上具体的に論じているわけではない。

そこで、私なりに着到状に記された文言から軍勢催促状を受給していないにもかかわらず、参陣したと推測できるものを探してみた。その結果、数は少ないが、例えば「世上乱逆の事、承り及び候の間」や「世上闘乱の由、その聞こえあるによって」、「凶徒蜂起の由、風聞の間」などと記されたものを見出した（「桜井市作所蔵文書」他）。

これらを素直に読めば、何らかの情報を聞いて出陣を決断したとみなせるかもしれない。ただ、これはあくまでもその可能性がある、ということにすぎない。

そしてもう一つ、史料上証拠はないが、最初の出陣の際にも実は軍勢催促状を受給していた可能性も否定はできないだろう。

軍勢催促という問題一つをとっても、このようにまだまだ謎は多く残っているのである。

裏切るように勧誘する

さて、その一方で、足利高氏は明らかに敵方と認める武士に対しても、味方につき軍忠を致すよう勧誘する文書を出している。

伯耆国より勅命を蒙《こうむ》り候の間、参じ候。合力し候はば、本意に候。恐々謹言。
（元弘三年）五月六日　（足利）高氏（花押）
長井（貞頼）弾正蔵人殿

右は、挙兵直後の高氏の書状形式による軍勢催促状だが、宛名の長《なが》井《い》貞頼《さだより》は、六波羅探題評定《ひょうじょう》

足利尊氏木像　大分県国東市・安国寺蔵

衆《しゅう》の地位にあったとみられている鎌倉幕府方の要人といってよい人物である（「毛利家文書」）。つまりこれは、高氏からの裏切りの勧誘であり、実際、貞頼はこの二日後の八日付けで高氏に対し着到状を提出している（同文書）。裏切りは実行されたのである（松井一九九一）。漆原氏はこうしたものを誘降状と名づけ、軍勢催促状とは分けてとらえているが、広い意味では一種の軍勢催促状とみることもできよう。

降参の上は、軍忠を致すべきの状件の如し。

康永四年六月十四日　道鑑（島津貞久）（花押影）

入佐八郎殿

右は、薩摩守護島津貞久が降参した入佐《いりさ》八郎に対し、あらためて軍忠を致すよう命じている文書である（「薩藩旧記二十一所収入佐文書」）。

2. 催促を受けた武士の対応

両属を装った？武士

これまで見てきたように、敵方からの裏切りを勧誘する軍勢催促状が出された場合があったとすれば、同じ武士に対して従来の味方からも同様に催促命令をうけたことも当然考えられよう。そうした場合、その武士はどのように対応したのだろうか。ここに、実際にそのような事例が残っているので、次に紹介しよう。

尊氏・直義以下の輩没落し了ぬ。早く一族を率い、凶徒の在所を尋ね捜し、誅伐せらるべし。殊なる軍忠あらば、抽賞せらるべきの状件の如し。

建武三年二月十九日　左中将（新田義貞）（花押）

吉河辰熊殿（実経）

新田右衛門佐義貞与党誅伐の事、院宣下さる所也。来月三日上洛すべき也。早速に京都へ責め上るべきの状件の如し。

建武三年三月三十日　（花押）（足利直義）

吉河辰熊殿（実経）

右の二点の軍勢催促状は、近接した時期に同じ安芸国の吉川辰熊丸に対し、南朝方（新田義貞）・幕府方（足利直義）の双方から出されたものである（いずれも「吉川家文書」）。このことはすでに荻野三七彦氏によって紹介されていた〔荻野一九八六〕が、実はこの他に三点の関連文書を確認できるのである。

すなわち、一点目は延元元年三月二十日付けで、辰熊丸が一族とともに朝敵を退治し、安芸国内の情勢を安定化させるため軍忠を致すべきと考えているので、早く軍勢催促状を給わりたい、と「御奉行所」宛てに申請している文書である。延元元年は北朝の建武三年（一三三六）にあたる南朝年号なので、辰熊丸はこの申状を南朝方へ提出していたことになる。ところが二点目、建武三年三月二十四日付けで辰熊丸に軍勢催促状を出しているのは、幕府方の安芸国大将桃井義盛《よしもり》である。

ここまでを見ると、吉川辰熊丸は南朝・幕府双方から軍勢催促を受けているばかりでなく、自らも両属するような態度をとっていた、ということになろう。

いったい、実際はどうだったのか。ここで三点目の文書、建武三年三月日付けの吉川辰熊丸代須藤《すどう》景成《かげなり》申状案を見てみよう。このなかで辰熊丸は、建武二年十二月二日に安芸国守護武田信成《たけだのぶなり》が幕府方として挙兵したことを知り、自らは幼年のため代官須藤景成を参陣させ、その景成が敵の熊谷蓮覚《れんかく》との矢野での合戦で軍功をあげたこと、それ以後も上洛する武田信成に従って京都やその周辺で戦ったので、早く恩賞に預かりたいこと、などを述べている（以上、三点とも「吉川家文書」）。この内容を信じれば、辰熊丸は一見両属するような態度を見せながら、実際には一貫して幕府方として行動していた可能性が高いといえよう。

こうした事例が珍しいものなのか、それとも一般的なのかは不明だが、やはり軍勢催促を受ける側の武士たちの主体性をもっと考慮して検討していくべき、ということは指摘してよいだろう。

催促に応じない武士への対応

さて、関係史料を見ていくと、軍勢催促を受けたにもかかわらず、それに応じなかったことも少なからずあったことがわかる。

新田遠江禅師・大城藤次以下凶徒対治の事、筑後国赤自《あかじ》において要害を構えんがため、今川六郎を差し遣わすの時、軍勢辞退の処、相向かわるの条、尤も神妙也。仍て状す件の如し。

沙弥（一色道猷、範氏）（花押）

暦応三年十一月五日

後藤武雄（藤原諸久曾）大宮司代

右の感状のなかで鎮西管領一色範氏は、今川六郎を派遣したのに出兵を辞退する者があったが、あなたは参陣して神妙である、と述べている（「武雄神社文書」）。「軍勢」という表現からみて、相当な数の武士たちが出兵を拒んだものと推測できよう。

こうした場合、命令者側はどのように対応したのか。

薩摩国凶徒退治の事、度々の催促に背き、不参の条、何様の事哉《や》。所詮、来る四日以前に発向せらるべし。若《も》し違期《いご》せしむるにおいては、後悔あるべき也。仍て執達件の如し。

暦応五年八月一日　沙弥（島津貞久、道鑑）（花押影）

□□重久殿

この軍勢催促状によれば、重久《しげひさ》某は、それ以前に島津貞久から何度も軍勢催促を受けていたにもかかわらず、これに応じていなかったことがわかり、それに対して貞久は「何様の事哉」と怒りの感情をあらわにし、三日以内に発向せよとあらためて命じたうえで、「もしこの命令に背いたら、後悔することになるぞ」と脅しの文言で締めくくっているのである（「薩藩旧記二十一所収重久文書」）。また、奥州総大将石塔義房は、康永元年（一三四二）と推定される十月八日付けで陸奥国の鬼柳《おにやなぎ》義綱《よしつな》へ宛てて出した書状のなかで、戦況を詳しく伝えたうえで急ぎ参陣するよう命じ、もしこれを怠れば、「なが（長）くうらみ（恨）申べく候（ずっと恨みますよ）」と記している（「鬼柳文書」）。

以上二つの事例は、いずれも文言による怒りや脅しを記すにとどまっているが、建武三年（一三三六）八月四日、足利直義は伊予守護河野《こうの》通盛《みちもり》に対し、同国地頭御家人並びに軍勢を率いて山城国宇治へ発向するよう命じたうえで、これに従わない者は罪科に処すため、その名前のリストを提出するよう伝えている（「臼杵稲葉河野文書」）。ここからは、実際に何らかの処罰を行おうとしていたことがわかる。

では、その処罰とは具体的にどのようなものだったのか。武蔵の山内経之は、高師冬軍に参陣しない者は、皆その所領を没収される、との噂が流れていることを書状に書きとめていた（「高幡不動胎内文書」）。

凶徒対治の事、既に以て合戦を始める所也。先度催促の処、今に遅参甚だ謂《いわ》れなし。所詮、不日三迫《さんのはさま》に馳せ下り、軍忠を致さるべし。若し猶《なお》承引せずば、所帯を召し改め、京都に注進すべきの状、件の如し。

暦応五年三月二十二日　　　沙弥（石塔義慶、義房）（花押）

飯野地頭殿（伊賀盛光）

右の軍勢催促状でも、石塔義房は伊賀盛光《いがもりみつ》に対して遅参を咎め、急ぎ進発して軍忠を致すよう命じたうえで、もし従わなければその所領を没収し、幕府へ報告すると警告している（「飯野文書」）。さらに、建武四年二月七日付けで軍勢催促状を出した一色範氏は、肥前の龍造寺家種に対し、肥後の菊池《きくち》氏誅伐のため一族を率いて軍忠を致すよう命じ、あわせて参陣しない者について「恩賞申請あらば、これを閣《さしおか》るべし」、すなわち、すでにあげた軍功にもとづく恩賞申請中の場合はこれを中止し（呉座二〇一四）、また、たとえ参陣しても軍忠のない者は、その所領の五分の一を召しあげる、と伝えているのである（「龍造寺文書」）。

こうした処罰が実際に行われたことを示す史料を見出すことはできていないが、ともかくこうしたことを示さなければならないほど、武士たちの戦意は低い場合があったことはまちがいないであろう。

3. 催促のなかみ

日時・参集場所・動員兵数の指定

すでに少しふれたように、軍勢催促に関しては謎が多いが、ほとんどの軍勢催促状は、いつ（あるいはいつまでに）、どこへ参集すればよいかということについては記されていない点もその一つである。

いずれも島津貞久が発給した軍勢催促状だが、貞和四年（一三四八）十一月十六日付けのもの（重久篤兼宛て）に「来る（十一月）二十八日以前、一族を相催し、大隅守護所に馳せ寄せらるべし」（「薩藩旧記二十二所収重久文書」）、翌年正月二十六日付けのもの（比志島範平《のりひら》宛て）に「所詮、来月（二月）二十日以前に一族を相催し、鹿児島に馳せ寄せらるべし」（「比志島文書」）とそれぞれあるのが例外的な事例である。ほとんどの場合は、催促状を持参した使者が口頭でそうした内容を伝達したものと推測される。

ところで、きわめて少数ではあるが、軍勢催促状のなかに、命令者側が相手に対して動員すべき具体的兵数を指定しているものがある。

・貞和二年（一三四六）と推測される五月十八日、島津貞久は比志島範平に対し、東福寺《とうふくじ》警固のため「軍勢三人」を遣わしてほしい、と求める（「比志島文書」）。

・年未詳の四月二十五日、島津氏久は禰寝清有《きよあり》に対し、宮里合戦への支援のため「御甲《おんかぶと》二十」人の出兵を求める（「禰寝文書」）。

・文書の一部が欠落しているため年月日は不明だが、大友親世《ちかよ》はおそらくは田原《たわら》氏に対し、天草《あまくさ》での戦いに備え、「御内人々」（従属度の高い家来という意味と思われる）のなかで十五歳から六十歳までの兵を率いて出陣するよう要請している。この場合は兵数ではなく、兵の年齢を指定している（「入江文書」）。

これらはいずれも書状形式だが、一点だけ施行状の形で動員兵数を指定したものが確認できる。すなわち建武四年（一三三七）十一月二十六日、戸次頼時《へつぎよりとき》は豊後国の賀来《かく》社大宮司に対し、同月四日および十八日付け某の御教書をうけて、菊池氏を討つために豊後国の地頭御家人三百騎が警固役として動員されることになったから、そちらから三騎を出すように、と命じている（「柞原《ゆすはら》八幡宮文書」）。

戦国時代末期になると、例えば小田原北条氏などが、家臣に対し知行高に応じた兵数や軍備を整えるように、と命じていることは比較的よく知られているが、南北朝期にも、こうした具体的な兵数を指定した動員がなされる場合があったのである。

戦闘以外の命令

なお、合戦への動員ということではないが、それに備えての警固を、大将が配下の武士に対して命じることがあった。

当山戌亥《いぬい》角、警固致さるべきの状、件の如し。

建武三
正月二十二日　　信武（武田）（花押影）

安芸町四郎殿（逸見有朝）

八幡薗寺小路末、警固致さるべきの状、件の如し。

建武三
正月二十二日　　信武（武田）（花押）

宮庄四郎次郎殿（周防親経）

右の二点の文書は、足利尊氏の信任が厚く、この年三月には安芸守護に任ぜられていた武田信武《のぶたけ》が、配下の武士に対し、当時在陣していた山城国八幡山付近の警固を命じたものである（「小早川家証文」「吉川家文書」）。いずれも警固すべき場所が具体的に記されている点が特徴といえよう。このうち逸見有《へみあり》朝《とも》は、建武三年（一三三六）五月七日付けで提出した軍忠状に、同年正月十三日以降の一連の軍忠を記しているが、そのなかで「同（正月）十九日、八幡山の戌亥（北西）角に罷り向かい、役所を固め」と、右の武田信武の警固命令に対応する内容を書いている（「小早川証文」）。ただし、日付けは命令書の二十二日より前の十九日としており、これを信じれば、逸見有朝は実際には命令書が作成される以前から、口頭など何らかの方法で受命し、警固対象地に赴いていたことになる。

なお、武田信武は翌年六月二十七日にも三戸頼顕《よりあき》に対し、上意をうけて洛中夜廻（三条以北、毎月十二日と二十七日）を命じている（「毛利家文書」）。

軍勢の案内を命じる

一般に戦功といえば、戦闘行為の結果、戦死したり敵将の頸をとったりすることなどをさすが、次のような事例もある。

安芸勢案内者として、井村に馳せ向かい、戦功を抽んずべきの状件の如し。

暦応五年二月二十六日　　左馬助（上野頼兼）（花押）

吉河次郎三郎（経明）殿

右の文書は、足利一門大将上野頼兼が石見の吉川経明《つねあき》に対し、安芸国の軍勢を石見国内で案内するよう命じたものである（「吉川家文書」）。この場合は、軍勢の案内をさせる目的で動員している点が興味深い。

最も望まれた将軍の軍勢催促状

さて、すでに第一部第一章1で述べたように、軍勢催促状は将軍の他、広域大将や国大将、守護などがそれぞれ独自に発給していたが、それらのなかで各地の武士にとって最も参戦の拠り所となったのは、やはり将軍の軍勢催促状であった。

渡邉元観氏は、確認できる南北朝期の軍勢催促状一二七通のうち、将軍（足利尊氏・義詮・義満《よしみつ》）とその権力を代行・分担した直義や管領が発給したものが七十七通に及ぶ、と指摘している。そして現地指揮官が、敵方となっている武士に対し、わざわざ将軍の催促状を出してほしいと要請し、これをうけて発給された尊氏の軍勢催促状によって、その武士が味方に転じている事例（「薩藩旧記」二十五所収）も紹介している〔渡邉二〇一〇〕。

なぜ将軍発給のものが最も望まれたかは、いうまでもないが、恩賞給付の権限を握っていたのが将軍だったからである。

また、渡邉氏は次のようなことも指摘している。

・守護や大将が発給する軍勢催促状には、「軍忠を抽んずべし」など、単に軍忠や参戦を命じるものと、「御方に参り」など、敵方や去就が定かでない武士を勧誘する文言を含むものの二型式があった。

・この二型式の軍勢催促状の発給数を、足利一門と外様の武将で比較してみると、単に軍忠や参戦を命じるものは足利一門が一一一通、外様が一三七通と、外様のほうがやや多いのに対し、勧誘する文言を含むものは足利一門が二十一通、外様は十二通と、足利一門のほうが多い。

・後者が足利一門のものが多いのは、勧誘が所領安堵と密接な関係にあり、これを実現させるうえで重要な手続きであった安堵挙状の発給が足利一門に集中していたからである。その証拠に、軍勢催促状のなかに所領安堵（あるいは恩賞給付）を条件とする旨が記されたものが、足利一門は二十一通中十五通あるのに対し、外様のほうは十二通中四通にすぎない〔渡邉二〇〇七〕。詳しくは後述するが、少なくとも実態として、軍勢催促の面で足利一門大将の権限は他に比べて優位にあったようである。

4. 書状による軍勢催促

これまでの考え方への疑問

第一部第一章1でも述べたように、「軍勢催促状」という文書名は、文書の内容からつけられたものである。古文書学における文書様式からいえば、発給者の立場によって綸旨（天皇）、令旨（親王）、御教書・書下（武家）など、さまざまなものが用いられる。

武家関係の場合、多くは御教書形式であり（これは将軍尊氏・義詮やそれに準じる立場の直義が発給）、各国守護や大将は、これをうけた施行状の形式で配下の武士に発給する。その一方で、本来は私的な内容を記すための書状形式（御教書のように、本文には定まった書き方のルールはほとんどなく、文末を「恐惶謹言」などとし、日付けは月日のみで年号は付けない）を用いた軍勢催促状も一定数見られる。

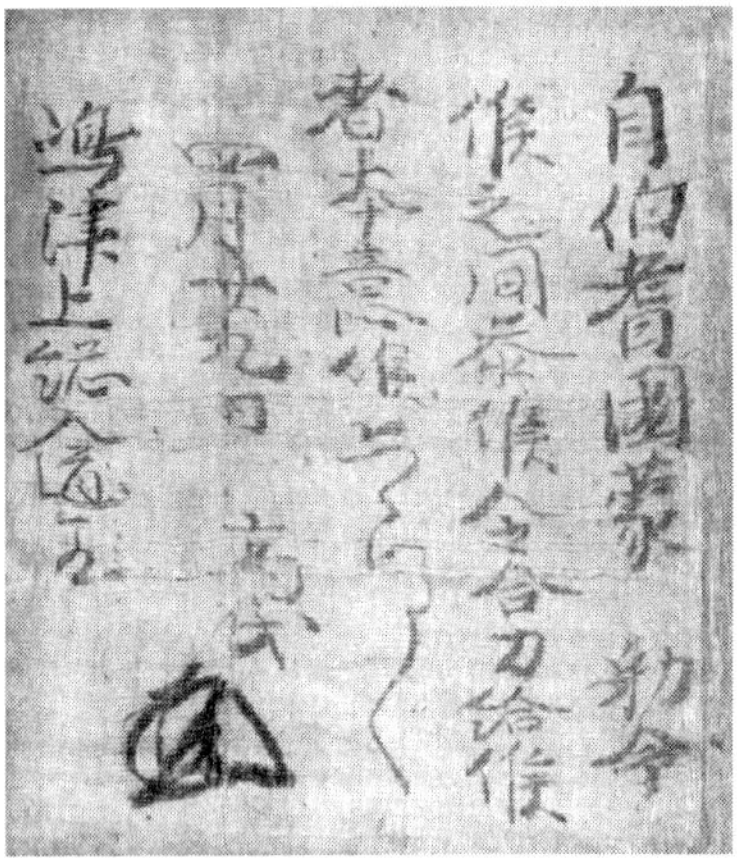

足利高氏軍勢催促状（「島津家文書」）　東京大学史料編纂所蔵

このことについて、瀬野精一郎氏は、南北朝初期の足利尊氏や新田義貞の軍勢催促状が、きまり文句を用いたきわめて形式的なものであったのに対し、中期以降になると、今川了俊《りょうしゅん》・今川満泰《みつやす》の書状形式の軍勢催促状に見られるように、自らの真情を吐露し、意を尽くして相手の共感を得て味方に招こうとする態度が見られる、と指摘している〔瀬野一九八〇〕。氏は一方で、足利高氏が後醍醐天皇の綸旨をうけて、元弘三年（一三三三）四月二十九日に書状形式の軍勢催促状（島津貞久宛て、「島津家文書」）を出している事例を紹介しているから、南北朝初期に書状形式の軍勢催促状がなかった、と述べているわけではない。主旨としては、形式的なものから真情の吐露など、かなり個別具体的な内容を含むものへと変化する傾向があった、ということなのであろう。

だが、それにしても本当に瀬野氏の指摘のようなことがいえるのだろうか。以下、書状形式の軍勢催促状の役割について見ていくことにしよう。

文書を使い分けた足利尊氏

まず、将軍足利尊氏と弟直義を比べてみると、二人ともいわゆる御判御教書という形式（文面の終わりが「〜の状件の如し」で終わり、日付けは年月日を記し、差出者の花押が加えられる）による軍勢催促状を多数発給しているが、私が調べた範囲では、書状形式によるものは尊氏のものしか見られない。もちろん、史料残存の偶然性という点も考慮しなければなるまいが、直義のものがまったく見られないというのは、少なくとも一つの傾向を示しているといえよう。

このことは、配下の武士たちにとっての主君はやはり尊氏であり、尊氏も政務のほとんどを直義に委ねながら、武士たちの最終的な願いである恩賞受給の決定権だけは握り続けた、という考え方（佐藤進一一九九〇）と関連するように思えてならないのである。

では、具体的に尊氏の書状形式による軍勢催促状のなかみを見てみよう。

吉野御わだん《（和談）》のりんじ《（綸旨）》に、直義《（足利）》ちうバち《（誅伐）》のよし《（由）》をのせらる《（載）》ゝ、あひだ、東国へハんかう《（発向）》する所なり。すでに《（既）》今日二十六日かけが《（掛川）》ハへつき《（着）》候べく候。ミやう《（明）》日するが《（駿河）》の国へうちこへ《（打越）》ゆべく候。いそぎ《（急）》うちたち《（打立）》て、かまくら《（鎌倉）》をつめられ候べく候。そのハうの事ハ、たのミ入て候。

十一月《（正平六年）》二十六日　（花押）《（足利尊氏）》

白河三川守《（結城朝常）》殿

右の史料は、いわゆる観応の擾乱の際、決別した直義を討つために、自分は遠江国掛川（静岡県掛川市）まで来ており、明日は駿河に到達するから、急いで出陣し鎌倉へ来るように、と白河の結城朝常《ともつね》に命じたものである（「榊原文書」）。こうした詳しい情報は、形式的な御教書のなかに記されることは少なく、書状にふさわしい内容といえる。さらに、終わりの部分で「そのハうの事ハ、たのミ入て候」と述べているが、これは「あなたのことは、頼りにしていますよ」とでも解すべきであろうか。将軍尊氏にこのようなことをいわれたら、誰しも心をぐっとつかまれてしまうだろう。

『源威集《げんいしゅう》』にも、尊氏が配下の武将たちの心服を得ている様子が描かれており、どうやら尊氏は、そうした言動が自然にできる人柄だったようである。こうした感情的な表現も、書状だからこそ用いたのであり、これと同じ文言は、他に美濃の明智頼重《あけちよりしげ》・土岐孫二郎《ときまごじろう》（「土岐文書」）、伊予の河野通盛（「尊経閣文庫所蔵文書」「築山本河野家譜」）などに対しても用いている。

さらに興味深い事例を紹介しよう。

①去十日注進状披見《ひけん》しおわんぬ。信州の凶徒悉く討ち捕り、御方討ち勝ち候条、忠節の至り尤も神妙也。仍て富士河凶徒を退治せんがため、今月十三日由比山において陣を取りおわんぬ。随て去る十一日蒲原河原において凶徒数百人討ち取り、御方打ち勝ちおわんぬ。相残る凶徒を退治し、忩《いそ》ぎ関東に発向あるべし。時日を廻らず海道に馳せ参ずべきの状件の如し。

正平六年十二月十五日　（花押）《（足利尊氏）》

小笠原遠江《（政長）》守殿

②十一日の合戦にゆい《（由比）》・かんバら《（蒲原）》にてうちかつ《（討勝）》といへども、猶大ぜい《（勢）》ゆいこへ《（由比越）》うつふさ《（内房）》この道へか丶り候て、すでに《（既）》せんど《（先途）》の合戦にて候。いそぎ《（急）》〳〵ハせさんじて、この合戦のちからになられ候べく候、国のかたき《（敵）》もいでぬやうにハから《（計）》れ候て、いそぎ〳〵ハせまいら《（馳参）》れ候べく候。猶々この合戦きう《（急）》に候ほどに、かやうにおほせられ候。

十二月十五日《（正平六年カ）》　　　（花押）《（足利尊氏）》

小笠原遠江守《（政長）》殿

②も、内容からみて①と同じ正平六年（一三五一）の同日に出されたものと判断される（なお、①が正平という南朝年号を用いているのは、この年十月に尊氏が直義との戦いを有利に進めるため南朝にくだった〈正平一統《しょうへいいっとう》〉ため）。すなわち尊氏は、同じ合戦について時の信濃守護小笠原政長《まさなが》に対し、御判御教書（①）と書状（②）をそれぞれ発給していたことになる（いずれも「小笠原文書」）。なぜ、わざわざこうしたことを行ったのだろうか。

二点を見比べてみると、①も単なる形式的な軍勢催促状ではなく、ある程度詳しい戦況を報じ、急ぎの参陣を要請してはいる。しかし、②は由比・蒲原で味方が一応勝利したけれども、敵方もなお侮りがたい動きを示していることが正直に記されている。総じて②は、①に比べてより率直に味方の危機的状況を訴え、急ぎの出兵を求めたものとなっている。

小松茂美氏は、この二点について「（①を奉行人に書かせ）みずからの花押を据えた直後に、尊氏はふと気を取りなおして、筆を執ると、一気にしたためたのが、この一通（②）である。この消息には、そのような尊氏の心中の微妙な動きを感知させるものがある」と指摘している〔小松一九九七〕。「ふと気を取りなおし」たのか、それともはじめから二通作成するだったのかは定かでないが、ともかく尊氏としては、①では伝えられない部分を②で伝えようとしたことはまちがいあるまい。

こうした事例は、私の調べた範囲では他に見当たらず、常にこのような形で二通出していたとはもちろん断定できないが、尊氏の場合、形式的内容であることが多い御判御教書による軍勢催促を補う形で、実情をより具体的かつ率直に伝える書状を副える場合があった、と指摘することはできよう。

守護や国大将などの場合

次に、守護や国大将などは、いかなる場合にどのような内容の書状形式による軍勢催促状を出していたのか見ていこう。

③御方に馳せ参じ忠節を致さば、抽賞あるべきの状件の如し。

貞和六年十月二十六日　（花押）（足利直冬）

恵良（宇治惟澄）小次郎殿

④世上の事、先度申し候いおわんぬ。聊《いささ》か子細を存じ候程に、佐《すけ》殿（足利直冬）に合体申し候。身において一

大事の時分に候。早々に御参り候て、御合力し候はば、悦び入り候。仍て御教書を執り進らせ候。
相構《あいかま》えて〳〵早々に御参り候はば本望に候。其の間の事、この僧に申せしめ候おわんぬ。恐々謹言。
（貞和六年）十月二十六日　（少弐）頼尚花押
（宇治惟澄）恵良小次郎殿

〔④訳文〕現在の情勢について、先ごろお話しました。いささか思うところがあって、私は直冬《ただふゆ》殿につきました。私にとっても重大な局面です。早くこちらへついていただければ喜ばしく思います。よって直冬殿の御教書をお送りします。早く味方になっていただければ本望です。詳細は使者の僧がお話しします。

③と④は、いずれも肥後の宇治惟澄《うじこれずみ》に宛てた軍勢催促状で、内容からみて④も③と同じく貞和六年（観応元・一三五〇）のものと推定されている（いずれも「阿蘇家文書」）。すなわち、同日付けで足利直冬（尊氏の庶子にして直義の養子。尊氏に疎まれ、九州で勢力拡大を図る）と少弐頼尚《よりひさ》（筑前・肥後・豊前守護を兼ねていたが、尊氏方の鎮西管領一色範氏と対立、観応元年九月には直冬方となっていた）が、それぞれ軍勢催促状を出していることになり、しかも④のなかの「御教書」は③をさすとみられるから、④は③の副状と判断できる。

将軍尊氏や義詮、あるいは直義が出した御判御教書による軍勢催促状をうける形で、守護や国大将が施行状の形で軍勢催促状を発給する場合があったことは、これまでにも指摘されていた。しかし、

④のように、単なる形式的な施行状ではなく、より具体的な情報を伝え、また、伝達者（④の場合は少弐頼尚）が真情を吐露することができる書状を副状とする場合もあったのである。

同格の武将からの軍勢催促

それから、次のような事例も見られる。

先日状を進《まいら》せ候の処、委細の御返事尤も恐悦の至りに候。抑《そもそ》も先札に申し候如く、畠山三郎殿（義深）御下着により、当郡の人々各申し談じ、去る十二日真幸院《まさきいん》に馳せ越し、同十六日馬関田城《まんかた》に対する近陣数ヶ所を取られ候おわんぬ。退治幾《いくば》くあるべからず候哉。この時節その堺の事、一途に思《おぼ》し食《め》し立たれ候はば、目出べく候。先日の御返事に聊か子細を承り候しかども、所詮、公方向きは閣《さしお》き候了。私において憑《たの》み存じ候。相違なく候はば本望たるべく候。尤も別使を以て申すべき候といえども、案内を知らざるの間、教久を以て申せしめ候。巨細《こさい》尋ね聞こし召さるべく候。この堺の合戦の事同前に候。尚々別儀を以て御合力候はば、その堺に思し食さる事、一途に御沙汰し候はば、目出べく候。諸事後信を期す。恐々謹言。

八月二十二日　　　　近江守前頼（相良）（花押）

謹上　禰寝殿（久清）

〔大意〕先日書状をお送りしたところ、詳しい御返事をいただき恐悦の至りです。さて、その書状でお伝えしたように、畠山三郎殿がご下着なさり、当郡の人々は各々相談し、去る十二日に真幸院へ進み、十六日には馬関田城を攻める敵陣数ヶ所を奪いました。ほどなく勝利するでしょうが、この時期あなたが味方になってくだされば、ありがたく存じます。別に使者を立ててお願いすべきなのでしょうが、不案内のため教久《のりひさ》に伝えさせます。とにかく合力いただければありがたく思います。また連絡致します。

右の史料は、肥後の相良前頼《さがらさきより》が大隅の禰寝《ねじめ》氏に宛てて出した書状で、軍勢催促の内容を含んでいる（「禰寝文書」）。相良氏やその一族多良木《たらぎ》氏は、他にも同日付けで禰寝氏に書状を何通か出しているが、これはそれらのうちの一通である。

相良氏と禰寝氏はいわゆる国人クラスで、ほぼ同格の武士ではないかと思われる。軍勢催促というと、どうしても上級大将が配下の武士たちに参陣を命じる、というイメージが強いが、右の場合のように、実際の戦闘においてはほぼ同格の武士に対して軍事的な協力を求める、というようなことも少なくなかったはずである。そうした際、当然ながら書下や御教書のような文書形式は使えないわけで、そのため、こうした書状を用いての伝達、ということになったものと思われる。

詳細な軍事情勢の伝達

さて、「文書を使い分けた足利尊氏」のところでも少しふれたように、書状形式の軍勢催促状には、概して詳細な軍事情勢が記され、それをうけて新たな軍事行動をとることを求めたものが多い。

右合戦ちう《（忠）》をいた□□□早々けんしをおこなうべく候也。昨日土橋城かつせん《（合戦）》ニついての使者いし並びに弥□□今夜丑時到参す。是よりの使者福崎入道下人同時到来す。委細承り候おわんぬ。散々合戦について、御敵引き退くの由の事、殊に悦び入り候。是も昨日申時きこえ《（聞）》申し候間、やがて打ち立ち候。重たるさう《（左右）》ニしたがい、明日早旦にうちたち《（打立）》候の処、かくの如くうけ給わり候。返々悦び入り候。是非に付て、やがて重ねて承るべく候。尚々是よりも用意し候の間、そのさう《（左右）》にしたがい候て、うしろまき《（後巻）》いたすべく候。又入せい《（勢）》どもはさだめ《（定）》て今夜入り候ぬらん。もし遅々し候仁候はば、残らずかの城に馳せ籠るべきの由、即時に仰せらるべく候。又是よりも明日は人をつか《（遣）》ハわすべく候。この文すなわち、きいれど《（給黎殿）》のの方へ遣わさるべく候。恐々謹言。

九月六日寅時　　道鑑《（島津貞久）》（花押）

□□□□□殿

この史料を見ると、まず日付である「九月六日」の下に「寅時」（午前四時頃）と、また、本文中にも「今夜丑時」（午前二時頃）、「昨日申時」（午後四時頃）などと、それぞれ時刻まで記している点が注目される。

また、内容としては、

・比志島氏側の使者（「いし」と「弥□□」）と、島津貞久自らが遣わした使者（「福崎入道下人」）が同時に土橋城合戦についての新たな情報をもたらした。

・比志島氏に対しても、最新の情報をふまえて後巻《うしろまき》（城攻めをしている敵軍を後方から攻撃すること）をしてほしいと指示している。
・行動が遅れた軍勢については、残らず城に入れるよう、急いで伝えることを命じている。
・明日も島津氏側から使者を遣わすことを伝え、この書状を給黎《きいれ》氏にも渡してほしいと依頼している。

などのことが読み取れる。このとき、島津氏と比志島氏は、比較的近い場所にそれぞれ在陣していたものと推測され、日々、さらには一日のなかでも戦況が刻々と変化する、というようなきわめて緊迫した状況のもとで、この書状は発せられていたのである（「比志島文書」）。

書状からわかる軍勢催促状の伝達方法

第一部第一章1でふれたように、幕府から命令を受けた各国守護や大将は、これを施行状の形で管国内の御家人惣領に伝達し、惣領から各庶子家には一般的に口頭で伝達したと推定されている〔漆原二〇〇〇〕。そして、これもすでにみたように、施行状の代わりに書状を副える場合もあったが、そのなかに軍勢催促状の伝達方法のより具体的な様子が読み取れるものがある。

永和二年（一三七六）、島津氏久が九州探題今川了俊と決裂した際、一族の今川満範が氏久討伐の大将として発向する。満範は同年十一月十九日付けで禰寝久清へ宛てて書状を出しているが、そのなかで島津伊久《これひさ》・氏久父子を討てという将軍家御教書や、了俊を大隅・薩摩両国の守護に任じた下文などを拝領したこと、その証拠としてそれらの案文《あんもん》（控え）を写し送ることを伝え、あわせて正文《しょうもん》が見たいのであれば人を寄越すように、と述べている。また、同じ年とみられる十二月十二日付けで、某前出雲守師綱《もろつな》なる人物が、やはり禰寝氏に宛てて、自分は（おそらく了俊のもとから）「上御使」として南九州に下向すること、島津氏久を討つべしとの御教書の案文を届けること、などを記したうえで、その正文は大将（今川満範ヵ）のもとにある、としている。

これらはいずれも「禰寝文書」として現存しているが、添付すると記した島津父子の討伐を命じる将軍家御教書や、了俊への両国守護職補任状（ただし、これは満範書状では「下文」とするが、御教書である）の案文も、同文書のなかに確かに残されているのである。

すなわちこの場合、討伐を命じる将軍家御教書の正文は、大将今川氏のもとにとどめられ、その案文が作成されて、副状とともに各地の武士へ送られていることになる。

なぜ書状形式の軍勢催促状は少ないか

私が調査した結果、軍勢催促の内容を含む書状は、瀬野氏が指摘されるように南北朝中期以降ということではなく、初期から用いられていた。書状という本来、純私用である文書形式を用いることにより、人間的な真情を吐露できるわけだが、そうした目的で武士を勧誘したり、あるいは参陣を促すことは、何も南北朝中期以降に限らず行われていたのである。さらに、これまで指摘してきたように、詳細な軍事情勢を伝えることにも用いられた。

ところで、そうはいっても現存する軍勢催促状の多くは、御判御教書あるいは施行状の形式によるものであり、書状形式のものは（今川了俊関係のものを除けば）少数しか残っていない。しかし、このことをもって当時も書状形式の軍勢催促状はほとんど出されなかったと判断してよいのか。

建武五年（一三三八）八月日付けで、相良定頼がそれまでの軍功に基づいて恩賞申請をするために提出した申状には、副進文書として建武二年十一月二日付けの著名な足利直義による軍勢催促状（もちろん御判御教書形式）があげられている（「相良家文書」）。つまり、武士が恩賞を申請する際、重要な証拠となる文書としては、やはり正式な形式で出された軍勢催促状が必要だったものと考えられる。それゆえ各家では、そうした形式の文書を長く保管したのであろう。

ここから類推すれば、本来その場限りの性格の強い書状形式のものは、内乱が終息すると、それほどの重要性がないと判断され、やがて失われていったのではないだろうか。したがって、実際には多くの書状形式による軍勢催促状が作成されていたものと推測されるのである〔松本二〇一四ａ〕。

第二章　軍奉行・侍所による実検手続き

1. 軍奉行・侍所とは

実検にあたる人々の役職

一般に、南北朝期の武士は合戦後、担当の役人に自らの軍忠を確認してもらう（「実検《じっけん》」）。この役人のことを軍奉行《いくさぶぎょう》とか侍所《さむらいどころ》と呼ぶ場合が多いが、これらについての専論は、私の知る範囲では発表されていない。そこでここでは、収集した関係史料から軍奉行・侍所についてのいくつかの問題を検討してみたい。

私が調べた範囲では、軍忠の実検や着到の確認にあたる人々の役職名のなかで最も多く見られるのが、「侍所」（二十八例）と「軍奉行（人）」（以下、軍奉行で統一、十九例）である。この他「実検奉行」（二例）、「合戦奉行」（四例）、「生虜《いけどり》奉行人」（一例）、「侍所奉行」（一例）、「両使」（一例）などが確認でき、さらに単に「奉行（人）」と記すものも十例あるが、これは軍奉行をさす可能性が高い。

次に、本来合戦の指揮官である大将が、軍忠の実検を行った事例も比較的多く見られる。それも単に「大将（軍）」と記すものの他に、「日大将」・「侍大将」や攻撃対象ごとに定められたとみられる「大手《おおて》大将」・「搦手《からめて》大将」・「浜手《はまて》大将」などがある。なお、大将ではないが、戦場での業務を分担した役職と思われる「水手《みずて》御奉行」や「陣《じん》奉行」などと呼ばれる人々も実検を担当している。さらに、平時にも重要な業務を担う守護代が実検にあたっている事例も見られる。

ところで、次に史料を一点紹介しよう。

小早河安芸五郎左衛門尉氏平申す軍忠次第

一今年【建武五】二月十六日、伊勢国雲出河において、御敵既に向遭せしむるの間、合戦致すの上、役所を宛て賜り、波多野因幡前司入道等、相共に終夜警固致せしむる事

一同月二十四日、南都御発向の時、奈良坂般若寺の前において、曾我左衛門尉、島津四郎左衛門尉等、相共に忠戦致すの事

一三月十三日、八幡洞巓合戦、同十六日、天王寺安部野合戦、殊に忠節を致すの条、曾我左衛門尉、宇津木平三等、相互いに見知せしむるの事

一五月二十二日、和泉国堺浦合戦の時は、御敵多勢の中を懸け破り、抜忠を抽んずるの間、所見のためかの人数を執《と》り進《まい》らせしめおわんぬ。その時騎馬の御敵等、切り落とせしむの条、同じく曾我左衛門尉以下存知の事

一六月一日、八幡善法寺口合戦忠を竭《つ》くすの事

一同月十八日、七月二日、同九日、後攻両三度合戦す。毎度尽忠を抽んずるの上、九日は、殊に
　御敵数輩切り落とせしむるの条、是又同じく曾我左衛門尉等見知の事
右同年二月十二日、勢州御発向の時より、同七月十一日八幡凶徒没落の期に至り、当御手に属し奉り、所々連々の合戦、一揆衆として軍忠を抽んじおわんぬ。然《しか》らば早く後証のため御判を賜わらんと欲す。仍《よっ》て目安件の如し。
　建武五年八月　日
　　　　　　　　　　（高師直）（花押影）
　　　　　　　　　　　　　　裏ニこれあり（花押影）
　　　　　　　　　曾我左衛門尉これを執り進らす（花押影）

このなかで、小早川氏平の所々での軍忠の「見知」（あるいは「存知」）を行った人物として、「曾我左衛門尉」の名が四度も見られる（傍線部分）点が注目される。ただし、これだけでは同人は氏平と同所合戦の武士として、すなわち証人の一人として記されているようにも思える。とくに建武五年（一三三八）二月二十四日や三月十三日、同月十六日の合戦の場合、「相共に忠戦致す」とか「相互いに見知せしむる」と記されているので、その可能性は高い。

ところが、文書の奥の部分に「曾我左衛門尉これを執り進らす」とあって、同人が氏平の軍忠申請手続きに関与する立場にあったことが推定されるのである。したがって、曾我左衛門尉は同所合戦の

武士でありながら、その一方で軍奉行的な立場で軍忠の実検や提出された軍忠状の上申にも関わった可能性が指摘できよう（「吉川家中並寺社文書」）。

この事例のように、役職名が付されていない人物のなかにも、軍忠の実検にあたった者がいたのかもしれない。

軍奉行と他の役職との関係

すでに指摘したように、軍忠の実検や着到の確認にあたる人物の役職名として最も多く見られるのが、軍奉行である。指揮官である大将は、「日大将」といって合戦ごとに任命されることがあったが、軍奉行の場合はどうであったのか。

『太平記』巻二十に「其日ノ軍奉行上木《うえき》平九郎」とあり、また、建武三年（一三三六）十一月四日付け田代了賢軍忠状にも、「その日（建武三年十二月十七日、片山での合戦）の軍奉行秋山彦三郎、並びに渋谷弥九郎、大内彦三郎入道見及び候（中略）、その日（同月十九日、赤坂城での合戦）の軍奉行椙田《すぎた》六郎をもって馳せ向かう」などとある（「田代文書」）から、やはり軍奉行も日によって交代する場合があったことが知られる。なお、『武家名目抄《ぶけみょうもくしょう》』にも「この職もとより臨時の職掌にて」とある。

ここでさらに、軍奉行と他の役職との関係について、二つの事例をあげ考えてみたい。

まず一つ目は、建武三年六月十七日付け建部清吉《たけべきよよし》軍忠状（「禰寝文書」）、同年同月十八日付け建部清《きよ》種《たね》軍忠状（「池端文書」）と同年同月日付け延時法仏《のぶときほうぶつ》軍忠状（「延時文書」）、同年同月日付け郡山頼平《こおりやまよりひら》軍忠状写（「薩藩旧記十三所収加治木文書」）についてである。いずれも建武三年五月六日から六月十日にかけて行われた、大隅国加瀬田城攻めの際の軍忠を申請したものだが、これらのなかで「見知」にあたった「中条杢左衛門入道祐心」の役職名が、前の二点が「水手奉行」となっているのに対し、後の二点は「軍奉行人」となっている。これはどのように考えればよいのだろうか。

同一の合戦について記したものだから、この期間中に祐心の役職がかわったとは考えにくい。とすれば、どちらの表現も誤りではないということになろう。推測の域を出ないが、より一般的な表現としては「軍奉行人」であったが、加瀬田城攻めに際しての祐心の持ち場が水手だったため、とくに「水手奉行」とも呼ばれたのではないだろうか。

二つ目は、建武三年五月七日付け周防親家《すおうちかいえ》軍忠状をとりあげる（「吉川家文書」）。ここでは、建武二年十二月五日から二十六日にかけての、周防親家とその旗差の軍忠に実検を加えている「御奉行人福嶋新左衛門入道」に注目したい（もう一人は武藤五郎入道）。この人物は、建武四年十月七日の時点で安芸国の守護代（守護は武田信武）である「福嶋左衛門四郎入道」（「熊谷家文書」）と同一人、ないしはきわめて親しい一族とみられる。仮に同一人であったとすると、建武二年末の時点では軍奉行人であった人物が、後に守護代となったか、あるいはもともと守護代だった人物が、この合戦の際に軍奉行人を務めたのか、のいずれかということになるであろう。また、別人で親しい一族であったとすれば、守護代の一族が軍奉行人を務める場合があったことになる。

実検機関としての侍所

さて、軍奉行と同様に軍忠の実検や着到の確認にあたる役職として、侍所があった。『武家名目抄』には幕府の場合、軍奉行は侍所の所司《しょし》がなったとあるが、実際のところ両者の関係はどのようなものだったのだろうか。

この問題を考える前に、まず侍所についてふれておきたい。侍所といえば、一般には幕府機関としてのそれをさすが、ここでは各国守護や大将のもとに設置されたものをとりあげる。ただし、関係史料が少ないこともあってか、守護侍所に関する専論は見当たらず、羽下徳彦氏が幕府侍所を考察するなかで「戦線が全国に拡大してからは、一地域・一軍団毎に侍所その他の呼称をもつ戦陣の監察機関の存したことが、各地の実例によって知られる」と指摘したり〔羽下一九七五〕、漆原徹氏が守護侍所と幕府侍所との職掌関係は不明であること、いわゆる即時型軍忠状の提出先が守護侍所であったこと、当初、守護軍に派遣されて戦功の検知にあたった中央侍所職員を核にして守護侍所が成立した経過が予想されることなどを指摘し、具体例として石見の国大将上野頼兼のもとで侍所を務めた松田左近将監を紹介している程度である〔漆原一九九八〕。

私が見た限り、南北朝期に幕府以外で侍所という名称の機関をもっていたのは、前述の上野頼兼の他に、奥州大将軍斯波兼頼《かねより》、鎮西管領一色範氏、日向国大将畠山義顕、奥州総奉行石塔義房、能登守護吉見頼隆《よりたか》、細川顕氏《あきうじ》、鎌倉府、奥州管領吉良貞家《きらさだいえ》などであった。これで見ると、守護というのは少なく、主に国大将や一国をこえる地域を管轄した武将のもとに置かれていたことがわかる。

軍奉行と侍所との関係

では、これらのことをふまえて軍奉行と侍所との関係を見ていくことにしたい。

得江九郎頼員申す、越前国軍忠の事

一今年【暦応三】九月十二日、氏江岡に陣を取り、翌日十三日、府中に押し寄せ凶徒を追い落としおわんぬ。

一同二十二日夜【丑剋】大塩城を夜討ちせしめ、麓を焼き払い城郭を追い落とす。翌日【二十三日辰剋】妙法寺城並びに松鼻城、平葺陣【脇谷殿之に籠もらる】を追い落としおわんぬ。是等の次第、軍奉行土田十郎右衛門尉見知しおわんぬ。

一同十月十九日、畑城に押し寄せ合戦致す。同二十一日、一・二の木戸を打ち破り、麓城を焼き払う。同二十六日に至り、頼員軍忠を致すの処、翌日二十七日、畑六郎左衛門尉（時能）御方に参るの間、城郭を破却しおわんぬ。

一同日二十七日、糸崎城に押し寄せるの時、城中の凶徒等御方に参りおわんぬ。是等の次第、侍所治田太郎見知しおわんぬ。然らば御証判を下し賜り、向後の亀鏡に備えんがため、恐々言上件の如し。

暦応三年十一月　日

（証判）「承わり了んぬ（吉見頼隆）（花押）」

右の史料から、能登守護吉見頼隆のもとで軍奉行土田十郎右衛門尉とは別に、侍所治田太郎がいたことが確認でき、同じ文書のなかでわざわざ異なる役職名を記しているから、これだけを見ると侍所と軍奉行という二つの役職があったように判断できる（「得江文書」）。ところが、暦応四年（一三四一）七月日付け得江《とくえ》頼員《よりかず》軍忠状（同年正月から六月の越前国内各地での軍忠を申請）のなかに「右、所々において此《かく》の如く毎度軍忠を致す次第、侍所長井藤内左衛門尉並びに土田十郎右衛門尉見知の上は」と、また、貞和二年（一三四六）閏九月日付け得田素章代子息章名軍忠状（康永四年〈一三四五〉二月以来の越中国内各地での軍忠を申請）に「両侍所長井藤内左衛門尉・土田十郎右衛門尉見知しおわんぬ」と、それぞれある。少なくとも、土田十郎右衛門尉に関しては、暦応三年十一月段階では軍奉行であったが、翌年七月の時点では侍所と記されているのである。

このことについては、この間に役職がかわったと見なせるかもしれないが、前述のように軍奉行は合戦ごとに定められた臨時職だったから、土田は本来侍所の職員で、暦応三年九月末の合戦の際には、とくに軍奉行に任ぜられたと解釈するほうが正しいように思われる。

軍奉行と大将との関係

ところで、軍奉行はその軍勢の大将（配下の武士が提出する軍忠状に証判を加える場合が多い）とはいかなる関係にあったのか。この点についてはすでに中島丈晴氏が、建武五年（一三三八）二月から三月にかけて行われた南都合戦や天王寺・阿倍野《あべの》合戦において、「生虜奉行人」・「奉行」として軍忠の実検にあたった高橋中務丞は、『天正本太平記』によれば大将高師直《もろなお》の「随分ノ若党」であったと指摘している〔中島二〇一三、以下同じ〕が、ここでは他の事例を一次史料によって検討してみたい。

「軍奉行人中條李左衛門入道」の中条氏は、時の薩摩・大隅守護で、大隅国加世田城攻めの総大将島津道鑑《どうかん》（貞久）の被官であった〔松本二〇〇四〕。

また、建武三年七月三日付け佐竹義基《よしもと》軍忠状写（「秋田藩家蔵文書十八酒出金大夫季親家蔵文書」）に見える「軍奉行大平六郎」は、大将高師直一族の大平氏と推定される〔同二〇〇一〕。

さらに、同年同月六日付け平賀共兼軍忠状（「平賀家文書」）に見える実検奉行須多大弐房《すだだいにぼう》、二階堂《にかいどう》信濃入道（行朝《ゆきとも》）代大部又太郎、羽尾六郎らは「執事御内」と記されており、証判を加えた尊氏執事高師直の側近であることがわかる。この「御内」という文言に注目してみると、同年同月日付け伊達《だて》貞綱《さだつな》軍忠状（「但馬伊達文書」）に「仍《よっ》て御内侯人大野源太郎御実検しおわんぬ」と、また、暦応二年（一三三九）六月日付け貴志義氏《きしよしうじ》軍忠状（「余田文書」）には、「此等の子細、御内祇候人佐原孫五郎見知せらる所也」とそれぞれあって、やはり軍奉行、あるいはそうした役職名が確認できない場合でも、軍忠の実検にあたる人物は、軍勢大将のとくに信頼が厚かった側近が登用されることがあった、とみてよいだろう。

そもそも、軍奉行以外の役職の者、すなわち侍所や合戦における一手の大将、守護代などが実検を担当する場合があったのも、こうした役職に任ぜられていたこと自体、大将との結びつきが強かったことを示しているのである。

2. 実検の手続き

大将の実検と軍奉行の実検の関係

中島氏は、建武三年（一三三六）七月二日付け平子重嗣《たいらこしげつぐ》軍忠状（「三浦家文書」）に記された「生捕頸等、即ち守殿御目懸の処、実検を加えるべきの（由ヵ）御定めにより、武田八郎、淵邊《ふちのべ》七郎見知せしめおわんぬ」の部分から、平子重嗣が直接大将軍である「守殿」（山名時氏《やまなときうじ》）に生け捕った武士と頸二つを見せようとしたところ、軍奉行による実検を行うのが定めになっているから、そのようにするよう命じられたため、武田八郎と淵邊七郎の見知をうけたこと、このことから、すでに南北朝初期より軍奉行の実検を経た後に「勘文《かんもん》」「実検帳」「分取注文」などの帳簿に軍忠内容を記入するということが、戦功確認の手続きとして定着していたとわかること、などを指摘した。

実際のところ、大将が直に配下の武士の軍忠を確認した場合も、証人としての同所合戦の武士は必要なのだろうか。観応元年（一三五〇）十二月日付け小佐治国氏子息法師丸《こさじくにうじ》軍忠状には、近江国守山での合戦で、父国氏と伯父弥三郎国広《くにひろ》が討ち死にしたことについて、「大将御目前の合戦たるの間、別の証人には及ばず」と記されており、不要としていることがわかる（「小佐治文書」）。

ところが、文和二年（一三五三）五月日付け石川兼光《いしかわかねみつ》軍忠状には、同年四月十五日の宇津峰《うつみね》城切岸《きりぎし》合戦（切岸合戦については後述）での子息八郎の軍忠について、「直に御実検の上、証人糟屋尾張権守・石川駿河守見知せしめおわんぬ」とあり、この場合は大将が直に実検しているにもかかわらず、さらに証人の確認を得ているのである（「結城白川文書」）。

以上の事例から、大将が直接軍忠を実検した場合、証人は原則不要だったとみられるが、それでも個々の大将の意向や、申請者が（自らの軍忠をより確実なものとするため）証人を立てることも認められたものと考えられる。

実検が行われる場所

中島氏は、建武五年（一三三八）閏七月日付け岡本良円軍忠状写に「則ち天王寺に攻め入り合戦を致すの刻《きざみ》、新田西野修理亮の手の者一人生け捕るの条、天王寺面の野において、石河孫太郎入道、長田左近を奉行として実検を遂げらるの上」とあることから、軍忠の実検は屋外で行われていたことがわかる、としている（「秋田藩家蔵文書十岡本又太郎元朝家文書」）。

しかし、建武三年十一月二十日付け海老名《えびな》知定《ともさだ》代間泰知《やすとも》軍忠状には、「将に又、当領内□□淵において、度々野伏合戦を致すの刻、旗指平五疵を被り、即ち城中において御実検を遂げられおわんぬ」とあって、この場合は城中で実検が行われている（「海老名文書」）。中島氏自身、「合戦が転々とする中にあって、合戦後、随時戦功確認が行われている」とも述べており、そうであれば屋外でも城中でも、さまざまなところで実検が行われたと考えるべきであろう。

軍忠状を提出するタイミング

ところで、漆原徹氏は合戦後直ちに提出される軍忠状（即時型）を勘文と呼ぶ、としている（漆原一九九八）。ということは、（氏は明記していないが）軍奉行による実検は、それを受理した時点で行われ、間違いがなければその場で大将が証判を加えて申請者に返却した、と理解できる。

これに対し、中島氏は手負、分捕、生捕などの戦功は、軍奉行のもとで実検を受け、その結果が実検帳（「勘文」や「分捕注文」と呼ばれる場合もある）に記入されることで戦功と認定されたこと、その後に軍忠状が提出された時点で、その記載内容が正しいかどうかを実検帳と照合したこと、などと主張している。この点について少し考えてみたい。

　実検帳の機能ということでみた場合、たしかに中島氏が指摘した流れのほうが理にかなっているように思える。ただし、すべてがそのようであったのだろうか。建武四年（一三三七）二月二十二日付けの柿木原《かきのきはら》兼政《かねまさ》軍忠状によれば、兼政は前日夜にあった合戦での軍忠を、翌二十二日付けで申請している（「薩藩旧記十九所収柿木原文書」、全文は次頁を参照）。したがって、この間に疵の実検を受けていた、というのは考えにくい。文中に「仍て即時に見知せられ」とはあるものの、「おわんぬ」とはないから、見知（この場合は実検を意味する）自体がこの時点ではなされておらず、それゆえになるべく早く実検を行い、その後は直ちに注進されることを要求する、と読むべきであろう。

　つまり、即時型軍忠状を申請する場合は、実検が軍忠状を受理した時点で行われることもありえたと推測されるのである。

第三章　軍忠状の型式と提出先の問題

1．二型式の軍忠状とその意味

従来説

軍忠状の型式には、大きく分けて一回の戦闘における軍功を記したものと、数回の戦闘の軍功をまとめて書きあげたものの二種類がある、とされている。次に、それぞれの具体例を示そう。

①兼重《肝付》以下の凶徒等誅伐のため、三俣院御発向の間、最初より馳せ参じせしめ、軍忠を致し候の処、去る二十一日夜、兼重の城焼失の時、大隅菱刈郡柿木原孫七兼政、当大手において合戦致すの間、左腰を射られおわんぬ。よって即時に見知せられ、不日（すぐに）御注進を経られんと欲し候。この旨を以て御披露あるべく候。恐惶謹言。

建武四年二月二十二日　　藤原《柿木原》兼政

進上　御奉行所

見知しおわんぬ、守護代沙弥栄定（花押影）

②着到　常陸国

鹿嶋烟田《かまた》刑部大輔重幹申す軍忠の事

右、小山下野守義政御対治の為、御進発の間、去る年永徳元年五月二十七日鹿嶋兵庫大夫幹重に随逐せしめ、児玉塚御陣に馳せ参じて以来、当御手に属し、在々所々において宿直警固仕りおわんぬ。六月十二日本沢河原日々合戦、同二十六日千町谷合戦、戦功を抽んじおわんぬ。七月十八日中河原合戦、同二十九日粟宮口日々夜々野臥合戦、子細同前。八月十二日鷲城東戸張口において軍忠、子細同前。同十八日新城外城没落の時合戦、子細同前。十月十五日夜鷲城放火の時、切岸において合戦、若党鳥栖式部丞疵を被りおわんぬ。十一月十六日鷲外城の壁破却の時、忠節しおわんぬ。十二月六日鷲城堀填《うづ》めの時合戦、子細同前。かくの如く忠節を致し、義政出家若犬丸降参の期に至り、在陣越年の上は、早く御証判を賜り、亀鏡に備えんがため、よって着到件の如し。

永徳二年二月　日

（証判）「承りおわんぬ（花押）」（木戸法季）

このうち①は、柿木原兼政が建武四年（一三三七）二月二十一日の夜に行われた合戦での軍功に関し、翌日に軍忠状を作成・提出したものである（即時型、「薩藩旧記十九所収柿木原文書」）。一方、②は「着到」という書き出しだが、内容的には明らかに軍忠状と呼ぶべき文書で（こうしたものを着到軍忠状と呼ぶ場合がある）、常陸の烟田重幹《しげもと》がいわゆる小山義政《よしまさ》の乱の鎮圧軍に参加し、永徳元年（一三八一）五月二十七日以来、翌年初めまでの多くの合戦や警固であげた軍功を一部箇条書きの形にしてまとめて報告したものである（一括型、「烟田文書」）。

こうした二種の軍忠状があることについて、佐藤進一氏は、①のように戦闘が一回終わるごとに軍忠状を作成・提出し、証判をもらうのが原初的な形であったろうが、南北朝の争乱が続くうちに、そのような悠長なことができなくなり、そのため戦闘が一段落した際に、それまでの軍功をまとめて書きあげて提出するようになったと説明し、これが長く学界の定説となっていた〔佐藤一九七一〕。

新しい説

ところが、漆原徹氏はこれは時代的な変化によるものではないとして、佐藤説とはまったく異なる見解を発表した。氏は、自説を論証するために多くの事例を紹介しているが、ここではそれらのうち最も明解と思われるものを紹介しよう。

③注進

松（相）馬松（胤頼）鶴丸申す養父相馬弥次郎光胤討死以下軍忠の事

一④建武三年三月十六日、陸奥国東海道宇多庄熊野堂合戦の事

（中略）

一⑤同年三月二十二日、広橋修理亮（経泰）以下の凶徒等、小高城へ寄せ来たり、□を致すの時、御敵を追い散らし、凶徒等を討ち取る事

（中略）

一同月二十七日、大泉平九郎相共に、標葉庄凶徒対治（退）の事

（中略）

一⑥同年五月六日、宇多庄熊野堂合戦の事

（中略）

一同七日、同所合戦の事

（中略）

一同五月二十四日、顕家（北畠）卿小高城を攻めるの時、相馬一族以下討死の事

相馬弥次郎光胤討死、

（中略）

一建武四年正月二十六日、松鶴丸一族を引率し、宇多庄熊野堂に押し寄せ、合戦を致す事

右、粗言上件の如し。

暦応二年三月　日

④相馬弥次郎光胤申す軍忠の事
右、白川上野入道（結城宗広）家人等、宇多庄熊野堂に楯築《たてつく》間、今月十六日彼所に馳せ向かい、合戦を致し分
捕手負の事
（中略）
右、この外数輩切り捨てありといえども、これを略しおわんぬ。よって敵を追い散らし対治しお
わんぬ。
建武三年三月十七日　　惣領代子息弥次郎光胤
進上　御奉行所　（証判）「承りおわんぬ（氏家道誠）（花押）」

⑤相馬弥次郎光胤申す軍忠の事
右、今月二十二日広橋（経泰）を大将として小高城へ寄せ来たる御敵等の事、（中略）標葉庄対治のため
合戦次第【今月二十七日】（中略）
右、この合戦の次第、侍所大泉平九郎実検せられおわんぬ。然らば早く御判を賜らんがため、注
進状件の如し。
建武三年三月二十八日　　惣領代子息弥次郎光胤
進上　御奉行所　（証判）「承りおわんぬ（氏家道誠）（花押）」

⑥相馬弥次郎光胤申す。
今月六日宇多庄熊野堂において合戦致し、若党五十嵐弥四郎入道・田信乗阿・同子息左衛門三郎討死仕りおわんぬ。同七日小高城より軍勢を差し遣わし、合戦を致し、御敵十三人切り懸けおわんぬ。後証のため御証判を賜るべく候。よって注進件の如し。
　建武三年五月九日　　　　平光胤上
進上　御奉行所
「承《（証判）》り候いおわんぬ（花押《（氏家道誠）》）」

③は、陸奥の武士相馬松鶴丸が、建武三年（一三三六）三月十六日から五月二十四日までの養父光胤の一連の軍忠を、分捕や討ち死に、手負人の氏名をあげて（ここではほぼ省略）作成・提出した一括型の軍忠状である。本来なら自身が報告すべき光胤は、波線を付した部分にあるように、建武三年五月二十四日の合戦で討ち死にしてしまったため、子の松鶴丸が代行した。

さて、この③に関して佐藤説にしたがえば、作成した暦応二年（一三三九）三月の時点まで、これら一連の軍功について一度も上申していなかったことになる。ところが、傍線④〜⑥を付した年月日における軍功について、それぞれ後掲の同じ番号の即時型軍忠状で上申していたことが明らかだから、③は初めての軍忠申請ではなかったこととなる（いずれも「相馬家文書」）。したがって、軍忠状の二型式は時期的推移にともなう変化によるものではないのであって、軍忠認定手続きの異なる段階で作成・提出されたものと考えるべきである、というのが漆原氏の主張なのである。

ただし、もちろんこれはあくまでも原則であって、次のような事例もある。肥後の志賀頼房《しがよりふさ》は貞治二年（一三六三）四月日付けで提出した軍忠状のなかで、前年八月以来の軍忠を書きあげたうえで、「合戦未だに落居せず、劇務の砌《みぎり》、日数相隔たば、公私の不審あるべきによって、先ず粗注進せしむ所也（合戦がいまだに続いて休む間もなく、このまま日にちだけが経ってしまってはいろいろと差し障りがあるので、まずは概要を報告いたします）」と述べている（「志賀文書」）。つまりこの場合は、激戦が続いて戦闘ごとに即時型軍忠状が出せない状況なので、少しの合間をみて、おそらくは初めて提出したと考えられるのである。

それはともかく、佐藤氏の指摘とは異なり、南北朝初期にも一括型の軍忠状（③のような箇条書きのものとは限らず、合戦のあった日からかなりの間隔をおいて出された一般的な形の軍忠状も一括型の可能性が高い）は珍しくないし、反対に、後期に至っても即時型の軍忠状は出されている。そして、このように軍忠状が重複して作成・提出される背景としては、軍忠認定手続きに従った場合（例えば、合戦直後に軍功内容を詳述したものを提出した後、大将側から証人名を報告するよう命じられ、あらためて出すなど）に加え、大将側から恩賞に関する何らかの反応が得られるまで、申請者が自主的に重ねて作成・提出する場合が考えられるという〔漆原一九九八・二〇〇三〕。

漆原説に対し、佐藤進一氏は『新版古文書学入門』（法政大学出版局、一九九七年）で、軍忠状の二型式に関する自説に対し漆原氏の批判がある、とふれるのみで反論はしていない。この漆原説を批判した他の研究者の論文・著作も見あたらず、私はすでにこちらのほうが定説になったと考えている。

2. 提出先の異なる軍忠状のもつ意味

軍忠状を調べていくと、同じ人物が同日付けで同じ内容の軍忠を、それぞれ異なる上級大将に申請している場合があることに気づく。次に具体例をあげよう。

従来説

①　市河刑部太夫助房代小見彦六経胤軍忠の事

右、新田義貞誅伐のため、去る正月一日高越後守殿御発向の間、村上河内守信貞の手に属して馳せ参じ、十八日・二月十二日合戦に忠を致し候おわんぬ。三月二日よりは夜詰合戦、六日は大手より城内に責め入り、至極合戦に及び軍忠を抽んじる上は、一見御判を給わり、後証に備えんがため、言上件の如し。

建武四年三月　日

（証判）「承り了んぬ（花押（高師泰））」

②　市河刑部太夫助房代小見彦六経胤軍忠の事

右、新田義貞誅伐のため、村上河内守信貞去る正月一日金ヶ崎城に御発向の間、同じく馳せ参じ、十八日・二月十二日・十六日の合戦等、毎度忠節を竭《つく》しおわんぬ。殊に三月二日より五日に至り夜々詰合戦の忠を致し、六日又一命を捨て大手より城内に責め入り焼き払い対治の上は、一見御判を給わり、後証に備えんがため、言上件の如し。

建武四年三月　日

（証判）「承り了んぬ（花押）（村上信貞）」

右の史料①・②は、同日付けで作成した信濃武士市河助房の代官小見《おみ》経胤《つねたね》の越前金ヶ崎《かねがさき》城攻めに関する、ほぼ同一内容の軍忠状だが、①は総大将で足利氏の根本被官である高師泰《もろやす》が証判を加えているのに対し、②のほうは信濃守護村上信貞《むらかみのぶさだ》の証判を得ている（いずれも「市河文書」）。

なぜ、わざわざこのようなことを行ったのか。漆原徹氏はこの事例から、南北朝初期においては、外様守護指揮下の武士は、直接指揮者である守護だけではなく、将軍の代理として全軍を統轄する高師泰にも軍忠状を提出しなければならないという、二重証判制度が成立していたこと、これは足利一門、あるいは根本被官出身の大将を一方の証判者とすることによって、外様守護の指揮督戦と同時に、その指揮下にある武士の戦功の最終的認定に関与し、軍功認定権を掌握する意図があったとみられる

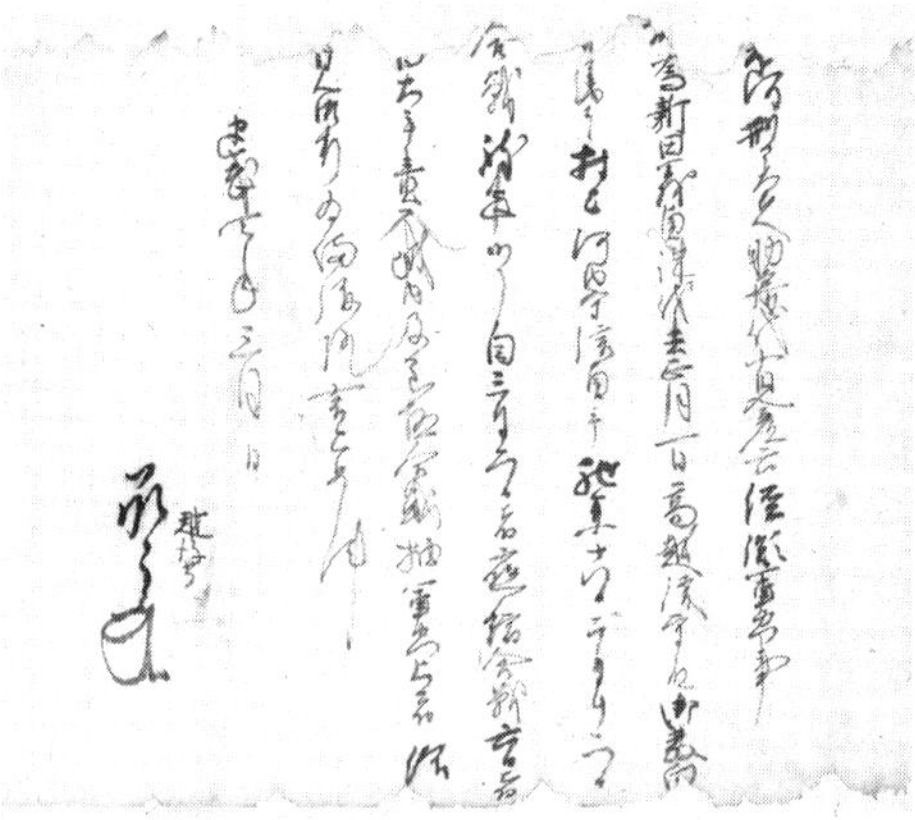

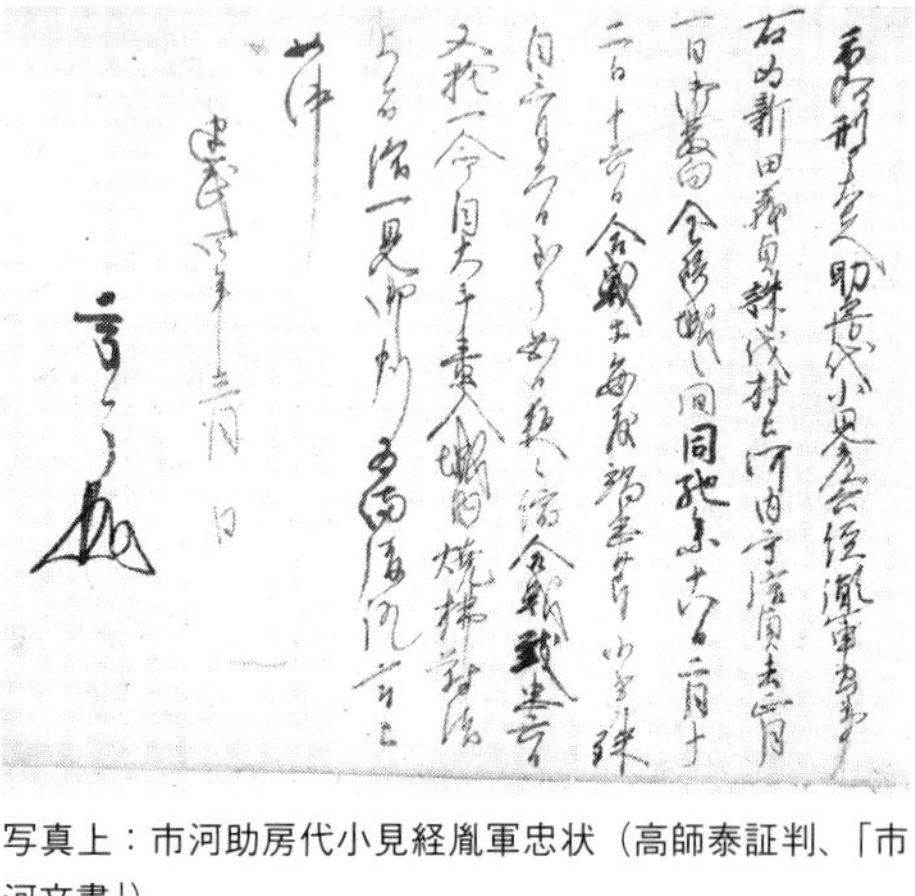

写真上：市河助房代小見経胤軍忠状（高師泰証判、「市河文書」）
写真下：市河助房代小見経胤軍忠状（村上信貞証判、「市河文書」）　共に本間美術館蔵

こと、などを論じた。

そしてさらに、中国地域においては、朝山《あさやま》・厚東《ことう》・大内らの在来外様守護が軍勢催促状・感状などをほとんど発給していないばかりか、任国武士の軍忠状への証判者が同地域に派遣されている足利一門大将上野頼兼に限られていることから、制度的にこの地域の外様守護の軍事権限が制限されていた、と主張している〔漆原一九九八〕。

近年の見解

ところが近年、堀川康史氏によって、この漆原説に対する反論が提起された。すなわち氏は、

・漆原氏が説くように、軍忠状の提出先がすべて足利一門（ないしは根本被官）と外様守護という組み合わせとは限らず、足利一門と根本被官という事例も見られる。

・外様守護でも任国外の武士に対する軍事指揮権・軍功認定権をもっていた場合があった。

と指摘したうえで、

・漆原氏の提起した二重証判制度は、結果から目的を遡らせた結果論的解釈であり、実態を反映したものではない。

・二重証判を足利一門・根本被官による外様守護配下武士の恩賞申請への関与を目的とした室町幕府の制度・政策として理解することはできない。

・そもそも南北朝初期の室町幕府が、外様守護の軍事指揮権に一定の制約を加えることができるほど、自らの意志を貫徹させられる権力だったのか、疑問である。

・参戦した武士が、幕府直轄軍・守護・守護以外の軍事指揮者（国大将や他国守護など）のいずれの大将に属するかは、軍事情勢に応じてそのつど柔軟に決定されていたと考えられる。

・こうした情勢のなかで、武士たちがより将軍に近い足利一門や根本被官出身の大将に軍忠を申請するのは、恩賞受給の可能性を高めたい彼らにとって自然の行動であり、決して制度として決められ

ていたから行ったのではない。

・複数の軍事指揮者から軍忠状証判を得ようとしたのは、それが自らの軍忠を証明する有力な手段だったからである。

などと論じたのである〔堀川二〇一四〕。

制度なのか慣習か

私事になるが、漆原氏は同門の先輩にあたり、私は氏に歴史学の初歩から教えていただいた。二重証判制度に関する学説についても、おそらく他の誰よりもはやくご教示いただいたはずであり、その時点ではきわめて精緻な内容と感じた。そして私自身、関東地域について検討した際もその整合性が認められたため、この学説を裏づける形で論じたのである〔松本二〇〇一〕。

ただ、漆原氏自身、前述の内容を指摘した同じ論文のなかで、足利一門が一般外様守護に比して上級の軍事指揮権を有していたのは、「地域的に少なくとも〔氏が検討の対象とした〕畿内から中国地域」として、ある程度慎重な表現にとどめているし、今後さらに各守護個別の検討を充分行って、一定の幕府意図の制度的結果か否か、考えていく必要性についてもふれている。しかしその一方で、軍忠状の提出に関しては、明確に二重証判「制度」と記しているので、この点に関する堀川氏の批判は傾聴に値する。

今改めて考えてみると、漆原氏が主張する二重証判制度についての学説は、堀川氏の強調する「軍忠状に証判を加えた大将や守護ではなく、軍忠状を作成・提出した武士側の主体性や、その武士をめぐる情勢を重視すべき」という視点が、たしかに欠けていた点は否めない。一方、当該期、幕府が対南朝戦において軍事的成功をおさめるため、足利一門・根本被官を積極的に起用したことは疑いない事実である。そして堀川氏自身、別稿では「観応年間（いわゆる観応の擾乱が起こる観応元年〈一三五〇〉以前においては、足利一門・譜代被官出身の守護・大将、九州の外様守護は、他の外様守護に比べて強力な軍事指揮権を有した」・「初期室町幕府において、外様守護は戦功注進の手続きから少なくとも建前上排除されていた」とも論じている〔堀川二〇一三〕。

以上のことをあわせ考えると、全国各地で幕府方についた武士たちが、自国の外様守護だけではなく、そうした足利一門・根本被官出身の大将にも同一内容の軍忠状を提出したのは、自分たちの最大の念願である恩賞給付の実現を、より確実なものとするための自主的な判断に基づく行為であった可能性が最も高いのではないだろうか。それが、漆原氏のいうように二重証判「制度」とみなした場合、幕府側からそうするようにとの何らかの指示が出ていたことになるが、そのようなものは確認されていない。現時点では、当該期の実態をふまえ、武士たちが二重証判という手続きをふむ「傾向」にあった、というようにとらえておきたい。

第四章　恩賞申請と給付の問題

1.　恩賞申請と戦線の維持

直接申請を求めた武士たち

すでに述べたように、武士たちが合戦に参加する最大の目的は、恩賞〔所領〕の給与にあずかることであった。したがって、ある程度軍功を重ねれば、それを証明する文書を幕府に提出し、恩賞給与を待った。この点に関し、漆原徹氏は挙状が感状発給の前段階の手続き文書として制度的に不可欠なものであったこと、そして足利一門の守護・大将（一部例外あり）の挙状がなければ最終的な恩賞給付権をもつ幕府に取り次いでもらえないがゆえに、諸国の武士たちは守護・大将の軍事的要請に応えざるをえず、この挙達制度が武士たちを掌握・統制する効果をもたらしたこと、などを主張した〔漆原一九九八〕。

しかし、実際には直接幕府ないしは広域を管轄する機関まで出向き、口頭でも申請しようとする者も少なくなかったようである。元弘三年（一三三三）六月日付け、筑後国の三原仏見《みはらぶっけん》軍忠状には、「早くかつうは合戦の軍忠によって、かつうは定法に任せて身の暇《いとま》を給わり参洛せしめ、恩賞に浴し」とあるので、本来こうしたことは認められていたと考えられる（「三原文書」）。

一門大将上野頼兼の場合

ではここで、足利一門大将による挙状の実例を一つ見てみよう。

長門国由利弥八基久最前より御方において軍忠を致すの刻《きざみ》、自身並びに親類若党数輩疵《きず》を被《こうむ》り、郎従等討死せしめ、生け捕り仕りおわんぬ。よって参訴せしむべきの由これを申し候と雖も、合戦の最中に候間留め置き候。急速に恩賞の御沙汰あるべく候。軍忠抜群の条一見書に分明に候。若《も》し偽り申し候わば、八幡大菩薩の御罰を蒙《こうむ》るべく候。この旨を以て御披露あるべく候。恐惶謹言。

暦応三年六月十一日　　　　右馬助頼兼（花押）（上野）

進上　御奉行所

〔訳文〕長門国の由利基久《ゆりもとひさ》が先ごろより参陣し、自身や親類・若党など数名が負傷、郎従等が討ち死に、敵兵を生け捕るなどの軍功をあげました。そこで、基久はこのことを報告するために自身が上洛したいと申し出てきましたが、こちらは合戦の最中であるため留め置きました。つきましては、早く恩賞の御沙汰をお願いします。軍忠が抜群であることは軍忠状で確認し、明らかです。

もし、このことについて私が偽りを申していた場合は、八幡大菩薩の御罰をお受けします。この旨、ご報告いたします。

これは、長門の由利基久が、自らの軍忠を報告して恩賞にあずかろうと上洛を計画したのを、中国地方を管轄する広域大将であった足利一門の上野頼兼が、合戦の最中であるからと、これを留め置いた事例である（「根津嘉一郎氏所蔵文書」）。頼兼としては、このように配下の武士たちが恩賞申請のためにそのつど戦場を離脱していたら、戦線は維持できなくなってしまう。したがって、このように命じることは当然であろう。そのかわり、頼兼がこうして挙状を提出して基久の要求を実現させようと図ったものと思われる〔呉座二〇一四〕。

鎮西管領一色範氏の場合

もう一つ、挙状ではないが関連する文書を見てみよう。

菊池武重以下凶徒蜂起の間、討手を差し遣わすの処、恩賞の事によって参津《さんしん》すべきの由その聞こえあり。太《はなは》だ以て謂《い》われなし。早く上津《じょうしん》の儀を止め、在国警固致すべし。恩賞においては、急速にその沙汰あるべき也。よって執達件の如し。

建武四年七月十一日　　　　沙弥（一色範氏、道猷）（花押）

小代《しょうだい》人々中

〔訳文〕菊池武重以下の凶徒が蜂起したので、討手を差し向けたのに、あなた方は恩賞申請のためにこちらへ出向こうとしていると聞きました。到底納得できません。早くこれを中止し、そちらでの警戒にあたってください。恩賞については、早急に実現するようにします。

これは、鎮西管領一色範氏が肥後の小代氏に対して出した書下だが、文面から小代氏が恩賞申請のために範氏のいる博多に出向こう（「参津」）としていたこと、範氏がそれをやめて引き続き肥後で菊池勢への警戒にあたるよう命じていたこと、などがわかる（「小代文書」）。事情は上野頼兼の場合と同様であろう。ただし範氏も、小代氏が気にかけている恩賞については、こちらで早急に手続きを進めて実現させると伝え、彼らを安心させようとしている。

さらにこの他、奥州の留守家任《るすいえとう》は、勲功の賞として所領を奥州総大将石塔義房〈建武四年〈一三三七〉から康永四年〈一三四五〉まで在任〉からすでに与えられていたにもかかわらず、幕府からの正式な下文の発給が遅れていることを自ら幕府に訴えに出向こうとした。しかし、観応元年（一三五〇）五月、奥州管領畠山国氏《くにうじ》は、この留守家任に関する挙状のなかで、糠部《ぬかのぶ》・雫石《しずくいし》の凶徒を討つためとして、これを留め置いている（「留守文書」）。

恩賞申請と挙状の関係

以上の事例から、本人が自ら暇《いとま》をもらって参洛し、恩賞を申請する行為は、合戦がそれほど連続しない状況を想定して認められていたものと推測されよう。そして、その際にも上級大将の挙状が必要だったということは、前掲上野頼兼の挙状の文面（本人を申請のため上洛させることはできないので、自分のほうから恩賞給付の実現を申請する）からみて、考えにくいのではないか。南北朝内乱期に入り合戦が続く状況となったため、上級大将たちは配下の武士たちのそうした行為をやめさせざるをえなくなり、その代わりとして自ら挙状を作成して申請したものと思われるのである。

このように見てくると、挙状が制度的にすべての恩賞申請の際に作成されたとする漆原説は、再考の余地があるといえよう。

ただ、上級大将としても、武士たちのこうした要求自体は認めざるをえず、それゆえ彼らの恩賞申請を取り次ぐ場合は、自身はやはり合戦が続いていて上洛できないので、代官を派遣して配下武士の軍忠を報告したようである（「佐竹文書」）〔呉座二〇一四〕。

2. さまざまな形での恩賞給付

戦時下での下文発給

まず、次の文書を見ていただきたい。

このあいだの忠せち（節）、かんじ（感）おぼえて候。ぐんぢん（軍陣）にて候ほどに、さた（沙汰）など候わぬあいだ、まずやくそく（約束）申し候。ミち（陸奥）の国しのぶ（信夫）のあまるめ（余目）するが（駿河）入道のあと（跡）、しさい（子細）あるまじく候。ならびにあんど（安堵）どもの事、しさい（子細）あるまじく候。このむね（旨）を心えられ候べく候。

御判（足利尊氏）

三月二日

白川（結城顕朝）弾正少弼殿

〔訳文〕この間の忠節には感じ入りました。今は戦いの最中なので、恩賞給付の手続きはとれませんが、とりあえず以下のことを約束します。恩賞地については、陸奥国信夫庄の余目駿河入道の闕所地で問題ないと思います。あわせてこれまでの所領の保証に関しても大丈夫でしょう。このことをどうぞお含みおきください。

これは、足利尊氏が白河の結城顕朝《あきとも》に与えた文書で、様式は私的な内容に用いる書状だが、内容が公的で重要なものなので、御内書《ごないしょ》と呼んでいる（「結城白川文書」）。ただし、これは控えである案文《あんもん》。年号はないが、別に文和二年（一三五三）四月十日付けで尊氏が顕朝に対して信夫庄余部地頭職を勲功の賞として充て行う旨の下文を出している（「白河文書」）ので、これも同年のものと推定されている。

さて、この文書のなかで注目されるのは、尊氏が戦いの最中なので手続きはとれないが、とことわりながらも恩賞地の給付と本領安堵を約束している点である。第一部で見てきたように、軍功に対する恩賞給付は、多くの慎重な（煩わしい？）手続きを経て、ようやく実現したものであった。ところが尊氏は、それらのほとんどを省き、いきなりという感じで恩賞給付を約束しているのである。

実は尊氏は、こうした行為を建武二年（一三三五）十二月から始めていた。すなわち、箱根竹の下の合戦で軍功をあげた小山氏と結城氏に大いに感激し、その場でそれぞれ武蔵国太田庄と常陸国関郡を与える旨の文書を発したのである。『梅松論《ばいしょうろん》』は、これを「戦場の御下文」と表現している（田代一九八七）。

ただし、こうしたことは弟直義や嫡男義詮も行っており（『参考太平記』、「吉川家中并寺社文書」）、尊氏の専売特許とはいえない。そして、第一部第二章4でみたように、正規の慎重な手続きを経たうえで行われた恩賞給付でさえ、なかなかスムースには実現しないくらいだったから、ましてや戦場にあっての即座の下文給付がどれだけ実効性のあったものかは、はなはだ心許ない。

では、なぜそれでも戦陣にあって恩賞給付の下文を出したのか。これについては、先ほど紹介した『梅松論』に、小山氏・結城氏への「戦陣の御下文」の記述に続けて、「是を見聞輩、命をわすれ死をあらそいて勇《いさみ》、戦はん事をおもはぬ者ぞなかりける。香餌《こうじ》の下に懸魚あり、重賞の処には勇士ありといふ本文是なりけりとぞおぼえし」とあるのが参考となろう。単なる忠誠心だけではなく、やはり実利を、それも即座に与えてくれる（姿勢を示す）ことによって、武士たちははじめて危険な状況のなかでもつき従ってくれることを、尊氏たちはよく知っていたのである。

なお、この下文のなかでは尊氏があらかじめ恩賞となりうる具体的な闕所地を指定する形となっているが、これはおそらくすでに顕朝側からの要望があり、それを尊氏が認めたというのが実情であると思われる。

所領以外のさまざまな恩賞

ところで尊氏は、こうした所領の他に、いろいろな物を恩賞として与えている。江田郁夫氏は、建武三年（一三三六）正月に尊氏軍が宇治川をはさんで新田義貞軍と対陣した際に、見事な戦いぶりを示した結城一族山川《やまかわ》氏の家臣二名に対し、尊氏が感じ入って「御腰物《おこしのもの》」（自らの腰刀《こしがたな》）を与えたという『梅松論』の話と、観応二年（一三五一）正月に摂津国瀬河宿《せがわしゅく》に到着した尊氏一行を迎えた河内の土屋《つちや》氏に軍扇《ぐんせん》（現存）を与えた事例を紹介している〔江田二〇一一〕。

ここでは、私が見出したこの他の事例を紹介しておきたい。

・建武二年六月三日、尊氏の執事高師直は、武蔵の安保直実《あぼなおざね》に対し、山城国四条河原《しじょうがわら》での軍功を賞し、尊氏から自筆の感状と「御太刀」が下される旨を伝えた（「安保文書」）。

・観応二年二月十七日の摂津打出浜《うちでのはま》合戦に際し、肥前の松浦秀《まつらひで》は、多くの者が退くなかで尊氏の側から離れず供奉《ぐぶ》したことを賞され、「御甲《おんかぶと》」を賜った（「松浦文書」）。

・建武二年二月三日、尊氏は味方についた丹波の久下時重《くげときしげ》に対して出した書状のなかで、「をんしやう〔恩賞〕の事ハ、何事にてものぞ〔望〕ミによるべく候、人を以て是へ直に申さるべく候、さて〳〵

足利家の家紋

れん〳〵《（連々）》申し候、ミやうじ《（名字）》御もん《（紋）》をまいらせ候、子孫にをいて用いらるべく候（恩賞のことはあなたの望みどおりとするから、使者を遣わして私に直接話してください。さて、繰り返し願い出ていた足利の名字と家紋の使用についても認めますので、この後ずっと用いてください）」と述べている。そして実際、この書状の宛名は「足利久下弥三郎とのへ」となっているのである（「久下文書」）。

以上のように、尊氏は武具など身の回りの物や、足利の名字・家紋まで配下の武士たちに与えていた。残っている史料からわかるのはこの程度だが、実際にはもっと多くの事例があったことであろう。

これに関して、尊氏が深く帰依し、天龍寺《てんりゅうじ》などを開いた臨済僧《りんざいそう》・夢窓疎石《むそうそせき》は、尊氏に備わっていた三つの徳として、「戦場でも泰然自若《たいぜんじじゃく》としていたこと」、「人を憎むことがなく、敵に対しても寛容だったこと」の他に「物惜しみをしなかったこと」をあげている。そして、具体的には「武具や馬などを誰彼なしに自らの手で与えた。贈答の習俗がある八朔《はっさく》（八月一日）などには、諸人から数えきれないほどの進物があったが、それらをすべて配下の者たちに下してしまったので、夕方には何もなくなってしまった」と述べているのである（『梅松論』）。

尊氏は、大変気前のよい総大将だったようであり、そのことが厳しい状況のなかで、多くの武士たちが彼につき従った理由の一つと考えられよう。

第三部　南北朝期の戦闘の実像に迫る

第一章　合戦の結果をも左右した兵粮

1. 兵粮の重要性

まだまだ不明な合戦の実態

第二部までは、南北朝期の武士が参陣して戦闘を行ってから恩賞を受けるまでの一連の流れを説明し、あわせていまだに解明されていない問題点などをとりあげてきた。

しかし、こうした流れのなかで最も関心が高いのは、やはり戦闘の実態ではないだろうか。具体的には、例えば兵粮はどのように調達したのか、いかなる武器が用いられ、攻撃や防禦の方法がとられたのか、戦闘に参加したのは正規の武士（騎馬武者）以外にどのような人々がいて、いかなる働きをしたのか、陣所にはどのような施設が用いられ、城郭は彼らにとっていかなる意味をもつものだったのか、などの疑問が次々と浮かんでくる。

こうしたことがらに関するわれわれのイメージは、著名な軍記物である『太平記』の記述から形成されてきたといえよう。たしかに同書は、南北朝末期に成立したという同時代性をもち、また、個々の記述についても、年号のずれなどは散見されるとはいえ、古文書に記された事実と一致する部分も少なくない。そうした意味で、歴史学に一定の役割を果たしてきたと認められるが、やはり軍記物としての限界も否定できない。

そこで、ここからは『太平記』の記述を一部援用しながらも、つとめて一次史料である古文書のなかに断片的ながら書かれたなかみを使って、前述のような問題について述べていくこととしたい。史料上の限界もあり、個々の問題に関して十分な解明は難しいかもしれないが、可能な限り迫ってみたいと思う。

南北朝期の戦争と兵粮

南北朝時代の戦争と兵粮について専門的に論じた書籍や論文は、これまでなかったように思う。ただし近年、久保健一郎氏が戦国期の兵粮の問題に関して検討した際、その前史として平安〜室町時代の兵粮について概観し、兵粮の調達・輸送・配給などが、戦争の中に確固たる位置づけを得ていないこと、このうち調達は随時、戦場の近隣やそこへ至る沿道に賦課され、輸送に関しても統一されず、配給どころか自弁に任されるといった、素朴かつ粗放な実態が想定されること、とくに籠城戦において兵粮の充足ないし不足が問題とされるが、状況の後追いをしているようで、積極的に処置した様子が見られず、わずかに敵の兵粮の道を断つ事例が知られる程度であること、などを指摘している（久保二〇一五〕。

たしかに戦国期に比べれば、それ以前の兵粮の扱いは素朴かつ粗放な実態であったかもしれない。しかし、本当にそのようにいいきってしまってよいのか。何よりも「自弁に任される」ことがすべてあてはまるのか、という点には疑問が残る。上は将軍から下は末端の一兵士に至るまで、それぞれ自弁であったということはありえまい。そこでここでは、南北朝期にしぼって戦争と兵粮の問題について、より詳細に見ていくこととしたい。

まず、当然ながら時代を問わず、合戦に兵粮は欠かせないものである。したがって、とくに籠城戦などにおける兵粮の多寡《たか》が勝敗に大きく影響することは、当然予想されるところである。

例えば南北朝前期、関東における南朝軍の総帥であった北畠親房《ちかふさ》は、興国元年（暦応三・一三四〇）と推定される四月三日に作成した御教書（白河の結城親朝宛て）のなかで、「凶徒以外《もってのほか》の衰微、又加増之勢無く候也。然而《しこうして》凶徒又要害を構えるの上、兵粮においては尽くべからず候歟《か》。左右《そう》無く（容易には）責め落とされがたき候条難義たり」と述べていて、敵軍は劣勢とする一方で、要害を構え兵粮も十分あるために攻略は難しいと指摘している（「有造館本結城古文書写」）。

また、これは一次史料ではないが、『太平記』第二十巻、「義貞山門へ牒状《ちょうじょう》を送る事」に、建武四年（一三三七）七月ごろ、越前において児島高徳《こじまたかのり》が新田義貞に向かって「先年、京都の合戦の時、官軍山門を落ちて候ふ事、全く軍《いくさ》の雌雄にあらず。ただ北国を敵に道を塞《ふさ》がれて兵粮運送の路絶えしに依って也（昨年十月、京都争奪戦の際、わが軍が比叡山から退却したのは合戦に敗れたわけではありません。ただ北国への道を敵方にふさがれ、兵粮が運べなくなってしまったためです）」と述べる場面がある。

実際に建武三年七月五日、足利尊氏は信濃守護小笠原貞宗《さだむね》に対し、六月末の敗戦で新田義貞軍の多くが滞陣していた比叡山から没落したので、足利方として馳せ参じた者はしばらく近江にあって、その往来および兵粮を止め、これを討ち取れと相触れるよう命じている（「小笠原文書」）から、この話は、兵粮をおさえられてしまえば合戦どころではない、という実態を反映したものとみてよいであろう。

この他、一次史料から合戦における兵粮の問題をうかがい知れる三つの事例を紹介する。

①貞和二年（一三四六）九月四日、薩摩の伊作宗久《いさくむねひさ》と二階堂行仲《ゆきなか》は、南朝方の伊集院忠国《いじゅういんただくに》との戦いで十年にも及ぶ籠城戦を続け、幕府に対し援軍を要請する一方、備蓄していた兵粮もなくなるので、近いうちにうって出て、その際に「作毛《さくもう》（敵軍の勢力圏内にある稲）を苅り取る」と伝えている（「二階堂文書」）。このとき、足利方は合戦してまで敵方の稲を奪い取らなければならないほどの窮地に追い込まれていたのである。

②康暦元年（一三七九）九月六日、今川了俊は阿蘇惟村《あそこれむら》に書状を送り、そのなかで敵方の城を攻めるために多くの向城《むかいじろ》を築いて軍勢を入れ、敵方に「明年の田をつくらせ候ハぬやうにさた《（沙汰）》し候べく候」と述べている（「阿蘇家文書」）。敵領の稲作を妨害することを有効な戦術の一つととらえていることがわかる。

③永徳元年（一三八一）六月から七月にかけ、名和《なわ》慈冬《これふゆ》（最近、谷口雄太氏は名和ではなく今川一族の各《かく》和《わ》氏と指摘した〔谷口二〇一六〕）は敵軍の籠もる日向国宮古《みやこ》城の周辺を焼き払って「早田」を刈り取っている（「禰寝文書」）。これも①と同様の攻撃であり、しかも刈り取った稲は自軍の兵粮としたものと思われる。

兵粮にまつわる軍功

兵粮の多寡が勝敗の帰趨に大きく関わるものであれば、敵軍への兵粮輸送を遮断したり、反対に苦境に陥った味方に兵粮を送り届けることは、合戦に参加して敵将の頸をとったり、自ら死傷したりするのと同様、軍功の一つとなったのであろうか。実は、そうした内容が記された軍忠状などをいくつか見出すことができるのである。

・暦応四年（一三四一）正月十八日夜、石見国の益田《ますだ》兼躬《かねみ》は、三隅《みすみ》次郎入道信性らが敵軍の籠もる稲積城に兵粮米を運び込もうとするのを、「袴田挟所」で迎撃してこれを打ち留め、その際、信性の家人を討ち取ったことを軍功の一つとして申請している（「益田家文書」）。

・興国四年（康永二・一三四三）四月五日夜、南朝方の春日顕国《かすがあきくに》は、野伏《のぶし》を出して足利方の兵粮を運ぶ道を塞いだために合戦となり、多くの敵兵を討ったことを同月十六日付けの書状で白河の結城親朝に報告している（「有造館本結城古文書写」）。

・応安五年（一三七二）九月二十五日、大隅の禰寝《ねじめ》久清の代官信成は、味方の籠もる筑後国酒見《さけみ》城が苦境に陥ったため支援せよ、との幕府方大将今川頼泰《よりやす》からの命をうけ、自ら船に乗って敵船を追い払い、城内に兵粮米を届けた。また、同月二十八日にも、命により重ねて兵粮米・薪木《たきぎ》など（この軍忠状はこれらをまとめて「御用物」とも表現している）を搬入したが、これらのことを軍功として申請している（「禰寝文書」）。これは、薪木という兵粮米以外の必要物資が具体的に書きあげられた珍しい例といえよう。食糧の煮炊きなどに用いられたものと思われる。

・応安六年二月十四日以降（六月十日以前）、南朝方の菊池軍が肥前国本折《もとおり》城を攻めて、同城が危機に陥った際、豊後の田原氏能《うじよし》は、親類や若党を遣わして味方の人々とともに、種々計略を廻らして同城に兵粮米を助成するなどの支援を行った（「入江文書」）。

・同年七月、同じ本折城の兵粮が尽き、落城寸前となった。この知らせを受けた足利方の今川軍は、城内に兵粮米を入れることを決め、梧一揆と筋一揆の人々にその任務が命じられたが、彼らはいずれも難儀であるとして辞退してしまった。そこで、今川軍に参加していた安芸の毛利元春《もうりもとはる》がその役目を引き受け、菊池軍との激戦の末、城の囲みの一方を打ち破り、兵粮米を城内に搬入することに成功した。なおその際、家人等六人が負傷した。元春は翌年七月、これらのことを含む九州での一連の軍功を書きあげて総大将今川了俊に提出し、その証判を得ている（「毛利家文書」）。この事例からは、敵方に包囲された味方の籠もる城内に兵粮米を搬入することは、大きな危険をともなうきわめて困難な任務であったこと、それゆえに成功すれば軍忠状に記載できるほどの軍功となったこと、などが読み取れよう〔呉座二〇一四〕。

以上見てきたように、敵軍への兵粮輸送を妨害したり味方の陣や城への搬入は、軍功の一つとして認められていたのである。

2. 兵粮調達の方法と戦場における食

兵粮自弁のなかみ

では次に、兵粮はどのように調達されていたのか見てみよう。一般に、南北朝期において兵粮は従軍する武士の自弁によった、とみなされている。「元弘三年」（一三三三）と異筆（本来の執筆者ではない者が、後に記したもの）で記された四月二日、左衛門尉景朝《かげとも》という人物が、紀伊国粉河寺《こかわでら》に対して出兵を求めているが、その際、「中五日分の兵粮は用意されたい」と書き添えている（「粉河寺文書」）。これも、通説どおり兵粮は出兵する側の自弁であったことを示す事例である。ただし、関係史料をより詳細に見ていくと、次のような事例を見出すことができた。

南北朝前期、常陸にあった北畠親房は、白河の結城親朝に対し援軍を送るよう、おびただしい数の文書を送った。結局、親朝は南朝方には与《くみ》しなかったが、せめてもの協力をと思ったのか、砂金《さきん》七両を親房に送った。興国四年（康永二・一三四三）と推定される五月二十五日、親房方の右衛門権少将という人物が、これをうけて「たしかに（砂金が）到来し、めでたい。すぐに大宝城の兵粮用として同城に送った。兵粮（および軍資金）が欠乏していたので、ありがたい」といった内容の書状を親朝に返している（「白河結城家文書」）。この文面から、親朝自身が意識していたかどうかはともかく、少なくとも結果として送られてきた砂金は、兵粮購入のために使われようとしていたことがわかる。

また、観応三年（一三五二）と推定される七月二十日、駿河権守某が次のような書状を陸奥の伊賀盛光に送った。

御札の旨、委細承りおわんぬ。（中略）兼ねて又あわび（鮑）・かつ（鰹）を給わりおわんぬ。当陣に大切に候。悦び入り候。のり（海苔）同じく給わりおわんぬ。かくの如きの物等、便宜の時は給わるべく候。御子息御当軍に候間は、細々申し承るべく候。恐々謹言（以下略）。

これによれば、某は伊賀盛光から送られてきた鮑・鰹・海苔などの食糧を、自陣にとって大切なものと喜び、さらに都合がつけばこれらを追加して送ってほしいと要望している。盛光は、自らの子息が某と同陣にいたために、こうした食糧を提供したのであろうか（「飯野文書」）。

以上の二例は、部将級の人物が、関係者から調達した兵粮（あるいは兵粮購入のための砂金）を味方の城や陣で用いたものであり、個々の兵が自らの兵粮を調達したわけではないことを示している。そもそも「家人」「家子」「郎党」「下人」などと呼ばれる人々が、主人である武士から兵粮を支給されていた、というのは当然推測されるところであり、自ら土地を所有しているクラスの武士は、配下の兵たちの分も含めて自ら調達した、ということなのかもしれない。

次に、守護・大将級の人物が配下の者たちに兵粮をどのように調達したか、見ていくことにしよう。

兵粮料所の預け置き

まず、全体に関わる話として、戦闘が続くなか、幕府が配下の武士たちに対し、国衙《こくが》領や荘園の年貢の一部を兵粮用に充てることを認める政策を打ち出していたことを紹介しておきたい。これをうけ、諸将は配下の武士に特定の所領を「兵粮料所《ひょうろうりょうしょ》」として指定し、預け置く、ということが広く見られた。

そして、その延長線上に、①観応三年（一三五二）七月二十日（室町幕府追加法五六）、②同年八月二十一日（同五七）、③応安元年（一三六八）六月十七日（同九七）にそれぞれ発せられた、いわゆる半済令《はんぜいれい》が位置づけられる（半済に関する法令は他にもいくつかあるが、ここではとくに著名なもののみとりあげた）。

このうち①は、いわゆる観応の擾乱にともなって、とくに戦闘の激しかった近江・美濃・尾張の三国において、この年に限り本所領《ほんじょ》（寺社領などの非武家領）の半分を兵粮料所として預け置くことを認めたものである。また、②は①の対象国を前記三国に加え、新たに伊勢・志摩・伊賀・和泉・河内にも拡大したもので、③は天皇家や院、藤氏長者《とうしちょうじゃ》（藤原氏一族の氏長者《うじのちょうじゃ》）などの所領を除外するかわりに、半済適用の地域や期間の限定を撤廃したものである。③が出されたころには、九州など一部地域を除いてほぼ戦闘は終息しており、この法令に関しては「兵粮料所」は名目にすぎず、武家による平時の本所領の実質的支配の公認、という側面が強い。

なお、この法令の性格については、主に武家方の支配を認めたものか、それともそれに一定の制約を加えて本所勢力を保護したものか、という点をめぐって長い論争史があるが、ここではふれない〔村井二〇〇五〕。

守護・大将級の武将による兵粮調達

ただし、これはあくまで幕府の方針であって、兵粮調達の具体的な様子はわからない。諸将が発した兵粮料所の預ヶ状を見ても、文面は形式的でそれほど大きな違いはない。そこで、守護・大将級の人物による兵粮調達がより具体的にわかる事例を見ていくことにしたい。

・建武三年（一三三六）二月（実際は三月か）、足利尊氏は九州から上洛するに際し、守護を通じておそらくは九州を中心とした西国の武士たちに対し、馬具や武具などとともに兵粮米を用意するよう命じた（『梅松論』下）。

・建武四年（一三三七）四月十四日、伊勢守護畠山高国は、本間四郎左衛門尉の代官に対し、同国飯《いい》野《の》郡神山要害《かみやまようがい》の警固を命じ、あわせてそのための費用として「上下社領家方当年土貢物」を借り召し、このうち七石を兵粮として与える、と伝えている（「本間文書」）。この場合、武家領ではない社領の年貢を借りる形で兵粮を調達しており（ただし、領家方《りょうけ》が納得しているかどうかは不明）、しかも借りているのは警固を命じられた本間氏の代官ではなく、命じた守護畠山氏のほうであると判断できる。つまり、ここでは兵粮は自弁ではなく、大将が調達して配分していることになる。

・同年十月二十五日、源俊賢《としかた》なる武将が肥前の深堀時通《ときみち》に対し、鎮西管領一色範氏の部将佐竹義尚《よしひさ》が南朝軍を討つため発向したので、同国高来《たかき》・彼杵《そのぎ》両郡の兵粮を少々借用すべきこと、その際、守護使とともに「有得《うとく》（米などの財貨を積んだ、という意味か）廻船《かいせん》」を差し押さえること、などを命じている（「深堀文書」）。すなわち、借用とはいっても、実際には守護方の使節と在地武士が共同で（おそらく強引に）廻船に積まれた兵粮を徴用する、という方法をとろうとしていたことがわかるのである。

・暦応三年（一三四〇）三月十四日、幕府執事高師直は某に対し、周防国竈門関《かまどの》（山口県上関町）から摂津国尼崎《あまがさき》（兵庫県尼崎市）に至る西国運送船並びに廻船などの警固を命じ、そのための兵粮料足として兵庫嶋で櫓別銭賃百文を徴収することを認めている（「米良文書」）。ここでは、兵粮料足として通行税が充てられているのである。

・貞和四年（一三四八）二月五日、河内守護高師泰（師直の弟）は、同国掃部寮《かもんのりょう》大庭《おおば》の地を兵粮料所として配下の軍勢に与えた。洞院公賢《とういんきんかた》は、その日記『園太暦《えんたいりゃく》』のなかで、このことを掃部頭《かもんのかみ》師香という人物から聞いたが、その際、師香は「師泰濫妨《らんぼう》の上」と述べているから、これは掃部寮側の意向を無視して強引に行われたことがわかる。当時、師泰は師直とともに畿内南朝軍に猛攻撃を加えていたが、その強さの背景の一つとして、こうした強引な形での兵粮確保があったのかもしれない。

・正平七年（観応三・一三五二）三月二十六日、足利義詮は興福寺《こうふくじ》に対し、「兵粮銭五萬匹」の合力を要請している（「南行雑録《なんこうざつろく》」）。史料の性質上、検討の余地は残るかもしれないが、もしこれが事実なら、足利方の総大将たる将軍の嫡男自らが、兵粮費用の調達にあたっていたことになる（当時、尊氏は関東に在陣中）。

兵粮を管理する武士、提供する武士

ところで、建武三年（一三三六）二月十八日、相馬重胤《しげたね》はその子光胤に宛てて本拠である陸奥国行方《なめかた》郡小高《おだか》堀内（福島県南相馬市）に城郭を構え、敵軍を討つよう命じ、あわせてそれに関わるさまざまな指示を与えている。そして、それらのなかで、城内の兵粮米について次のように記している。

一城内兵粮米の事、須江九郎左衛門尉（判読不能）所の二百石これあり。彼の米を入れるべき也。その外一族等並びに（判読不能）分村々、給主代に仰せて、その沙汰を致すべし。

つまり、重胤は小高城の兵粮米は家臣須江九郎左衛門尉の管理している（？）二百石を用い、その他に相馬一族あるいは家臣たちの所領である村々から調達するように指示していることがわかる（「相馬文書」）。この場合でも、少なくとも一部は城主である相馬氏自身が兵粮米を準備したと考えられるのである。

以上の事例から、南北朝期においては、いついかなる場合でも従軍した武士が兵粮を自弁したわけではなく、その上官たる大将が調達して支給することもあったことがわかる。

相馬氏の小高城の場合、家臣須江九郎左衛門尉はどのようないきさつで二百石もの兵粮米を管理していたのか判然としない。この点に関し、一つの事例を紹介しよう。

豊後の野上顕直《のがみあきなお》は、足利方として建武三年三月から十月までの八ヵ月間、同国玖殊《くす》郡にある玖殊城攻めに参加したが、この間の夜廻りの際、城内に兵粮米を搬入しようとしていた日田《ひた》楢原《ならはら》兵衛次郎の下人を生け捕りにした。また、同年十月十二日に同城が陥落したときにも魚返《おがえり》宰相房《さいしょうぼう》を捕らえたが、この人物は「福人たるの間」、すなわち裕福な人だったので、城内の兵粮をまかなっていた。野上顕直は、これらのことを書きあげた軍忠状のなかで、宰相房を捕らえたことについて、「これほどの大功があるでしょうか」と自画自賛しているが、配下の武士のなかで裕福な人物が兵粮を提供していたことがわかり、興味深い（「野上文書」）。

兵粮調達をめぐるトラブル

ところで、兵粮の調達方法について述べた部分で少しふれたように、武家方のやり方が強引だったために、調達される側との間にしばしばトラブルが起こったであろうことは、容易に想像されるところである。次に、具体例をいくつか見ていくことにしよう。

まずは、率先して軍に兵粮を提供した事例である。観応二年（一三五一）正月、足利直義軍の入京により、尊氏軍は同地を放棄し、途中から子の義詮は仁木頼章《にっきよりあき》・同義長《よしなが》らとともに丹波国の石龕寺《せきがんじ》（兵庫県丹波市）に赴いた。『太平記』第二十九巻「井原の石龕の事」には、この寺の衆徒たちは無二の尊氏方であったため、「軍勢の兵粮、馬の糠《ぬか》に至るまで、山の如く積み揚げたり」とある。一次史料ではないが、日ごろの関係が良好な相手は、兵粮の提供に協力的な態度をとる場合もあったものと思われる。あわせてこの記述は、兵粮というとどうしても兵士用のものだけととらえがちだが、実際には戦闘や移動に必要な馬の飼料の調達も欠かせなかったことを、あらためて認識させてくれる。

ただし、もちろんこうした協力的なケースは決して多くはなかったであろう。関係史料のほとんどは、次にあげるようにトラブルが起きたことを示すものである。

・建武四年（一三三七）六月十一日、河内守護細川顕氏《あきうじ》は、同国守護代秋山四郎次郎に対し、兵粮米を徴収すると号して東寺領同国新開荘を厳しく責めることをやめるよう命じている（「東寺百合文書」）。当時、顕氏は河内国内の南朝軍と激しい戦闘を続けており、配下の秋山四郎次郎は、そのための兵粮を調達すべく（独断か、あるいは顕氏が許可したのかは不明だが）新開荘を荒らし、領主である東寺がこれを非法として顕氏に訴えた結果の命令であろう。

・建武五年七月十日、紀伊守護畠山国清《くにきよ》は、これ以前に同国和佐《わさ》荘内下村・南村領家職を、いったん近くの要害のための兵粮料所として召し置いたが、両村が歓喜寺《かんきじ》の御祈願所だったため、これを停止した。なお、国清は貞和三年（一三四七）にも同様の禁止命令を出している（「歓喜寺文書」）。

・暦応二年（一三三九）六月四日、幕府は播磨守護赤松円心《あかまつえんしん》へ、東寺領同国矢野例名領家方に対し、早く兵粮以下の課役を取り立てるのをやめ、すべて同寺の経営に充てるべきこと、その後妨害する者がいたら報告すること、などを命じている（「東寺文書」）。

・貞和四年（一三四八）二月二日、足利直義は淡路守護細川師氏《もろうじ》に対し、禅林寺新熊野社《ぜんりんじいまくまのしゃ》領同国由良《ゆら》荘領家職を「兵粮と称し」預人に付し、押領《おうりょう》させるのをやめるよう命じている（「若王子神社文書」）。

・観応二年（一三五一）十月十一日、近江の蜂屋左近将監は、延暦寺領同国木河荘への兵粮催促停止を長野彦七郎に伝えるよう命じられている（「曼殊院文書」）。『大日本史料』（六編之十五）は、発給者を足利直義と推測しているが、このころ直義は尊氏との講和が決裂して北陸の地にあり、そこから関東へ下向しようとしていた（「小佐治文書」）。

・観応三年三月、足利義詮は、石山寺《いしやまでら》領近江国富浜荘・虫生《むしょう》社・音羽荘入免等での軍勢の濫妨と兵粮取り立てなどを、また、同年九月二十一日は遠江守護今川範国《のりくに》に対し、同国初倉荘で軍勢が兵粮

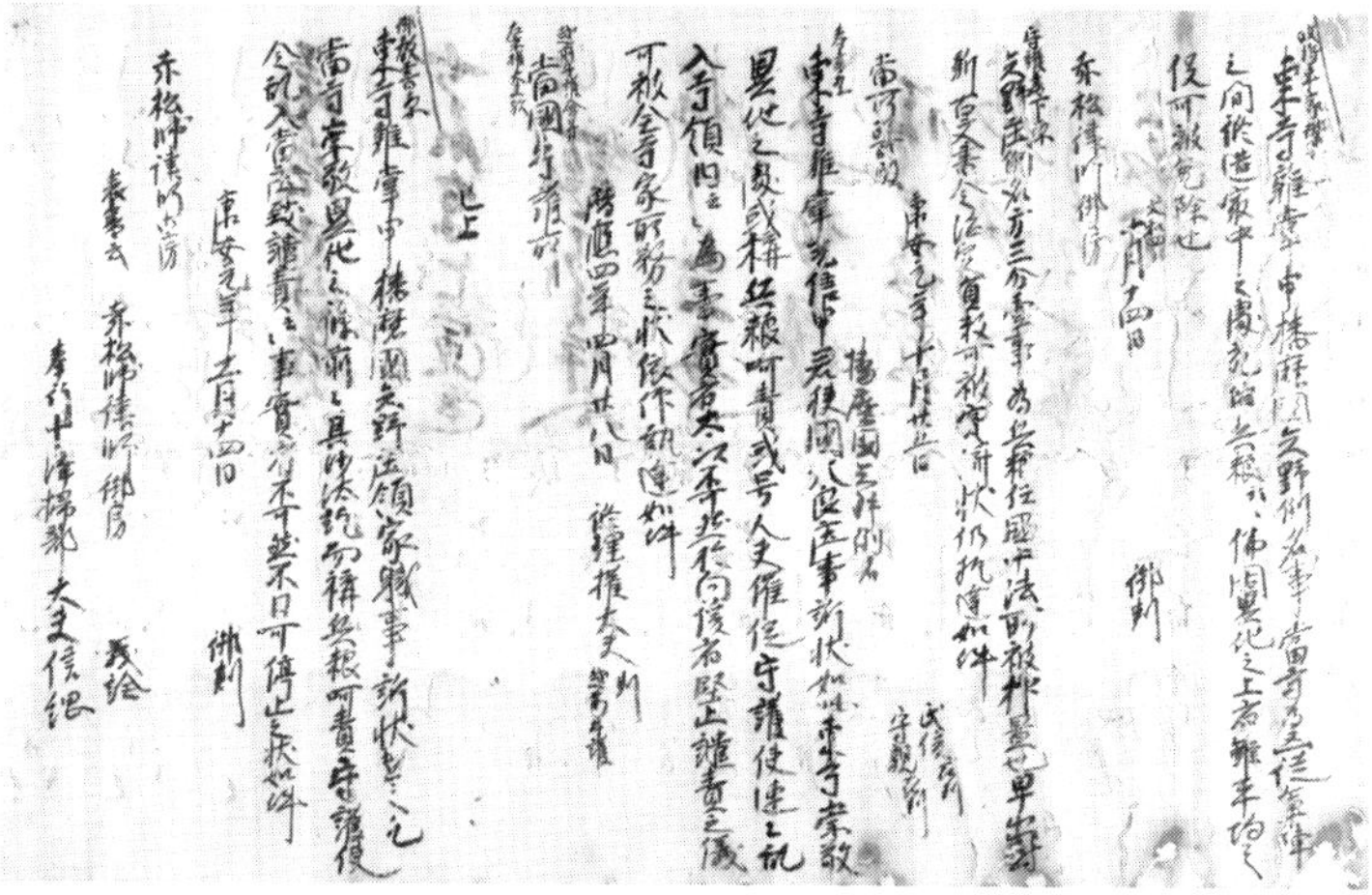

足利義詮御判御教書案（「東寺百合文書」）　京都府立京都学・歴彩館蔵

と号して濫妨するのを、それぞれやめるよう命じている（「前田家所蔵文書」「南禅寺文書」）。

・文和四年（一三五五）六月二十七日、足利義詮は円覚《えんがく》寺《じ》の訴えをうけ、尾張守護土岐頼康《よりやす》に対し、同国冨吉《とみよし》加納《かのう》の地が軍勢に預け置かれている状況を咎め、早く同寺領として寺家雑掌《じけざっしょう》へ渡すよう命じている（「関興庵文書」）。「兵粮」という文言はないが、軍勢への預け置きということで、実際にはその可能性を指摘できよう。

・康安元年（一三六一）十一月十四日、足利義詮は東寺雑掌の訴えをうけ、播磨守護赤松則祐に対し、同国矢野荘に「兵粮呵責《かしゃく》」と称して守護使が乱入、譴責《けんせき》に及んでいるのをやめるよう命じている（「東寺百合文書」）。

・応安七年（一三七四）九月十四日、備前守護赤松義則《よしのり》は、重ねての幕府からの命令をうけ、額安寺《かくあんじ》が訴える同国金岡東荘領家職について、「兵粮方預人」を退け、同寺雑掌がすべて管轄できるよう処置せよ、と守護代浦上助景《うらかみすけかげ》に命じている（「額安寺文書」）。

大将による兵粮調達の実態

以上九つの例は、停止命令を幕府からうけたり、自ら発したりしている守護自身が、実は管国内の寺社領を配下の武士に兵粮料所として預け置いたために、トラブルとなったものとみてよいだろう。次に、さらに具体的なトラブルの状況がわかる史料を紹介する。

御兵粮の事、仰せを蒙るの間、微力を励まさんと欲し、秘計の最中に候処、昨日二日、仁木弥太郎殿より当方の沙汰を致すべきの由仰せ下され、数多の人勢を入れられ、御譴責《けんせき》し候の間、寺僧等迷惑せしめ、安堵仕《つかまつ》り難く候（中略）、

権律師光祐

謹上　苽畔二郎左衛門尉殿

佐竹孫三郎殿

〔訳文〕御兵粮を差し出すようにとのご命令をうけましたので、何とかご協力しようとあれこれ手だてを考えていましたところ、昨日二日、仁木弥太郎殿から自分たちで調達するとの仰せがあり、多くの人々を寺に入れて取り立てなさったので、われわれ寺僧たちは迷惑し、不安で仕方あ

りません。

右の史料は建武年間ごろのものと見られ、差出人である権律師光祐《ごんのりっしこうゆう》は、摂津国勝尾寺《かちおじ》の寺僧である（「勝尾寺文書」）。仁木弥太郎は仁木頼章の従兄義有《よしあり》だが、同人は建武三年（一三三六）九月の時点で摂津国大将の地位にあって、勝尾寺と寺領をめぐって対立していた浄土寺《じょうどじ》門跡の所領である摂津国高山荘へ、光祐ら勝尾寺衆徒とともに打ち入っていることが、別の史料により確認されている（同文書）。この史料は、その前後いずれの時期のものかはわからないが、いずれにせよ仁木義有と勝尾寺の関係は良好だったと推測できよう。しかし、仁木勢はそのような勝尾寺に対しても強引な兵粮の取り立てを行い、寺側はおおいに迷惑を被ったと訴えているのである。

小林一岳氏は、これと同様の事例を紹介している。東大寺領美濃国大井荘では、建武二年冬ごろから動乱の影響で市《いち》が立たなかったりして困っていたところ、敵味方両方の軍勢が荘内に乱入し、牛馬などの家財や米・大豆までことごとく掠奪していった。その後、当国の守護・国司が在国したので平和になるだろうと思っていたが、今度はその守護・国司から軍勢として動員されたり、あるいは兵粮米や馬などを徴収され、これに応じないと敵とみなされて身柄を拘束されたり家を焼き払う、という話を聞かされている（「東大寺文書」）。

また、同じく東大寺領周防国椹野《ふしの》荘では、観応元年（一三五〇）秋ごろから翌年三月にかけて、数万人の軍勢が荘内に乱入し、貧富を問わず荘民たちから兵粮米などを取り立て、それが無理な場合には身柄や家財などを差し押さえた（同文書）。

これらはいずれも、荘民たちが「こうした事情のために東大寺から課せられた税を減免してほしい」と訴えるための理由づけとして申状に記されていることなので、過大な部分もあろうが、かといってまったくの虚構とも思えない。ある程度は実情を反映したものとみてよいだろう。

掠奪の体制化＝兵粮料所預け置き・半済

こうした状況は、各地で見られたに違いあるまい。幕府が内乱を乗り切るため、足利方として働く武将や兵士たちに対し、兵粮料所を預け置いたり、半済を認めたりしたことはすでに紹介したが、このように見てくると、実態のほうがかなり先行していたことは明らかであろう。

兵粮米の徴収は、実際には掠奪や濫妨と紙一重であり、兵粮料所の預け置きも、軍隊による兵粮米徴収と称する荘園の実力占有がまずあって、守護・大将らはそれを追認する（あるいは、そもそも彼らの指示で占有が行われたのかもしれない）という、いわば「掠奪の体制化」であった、とみなせるのである〔小林二〇〇一〕。

では、荘民側はこうした状況にどのように対処したのか。美濃国大井荘において、延文二年（一三五七）十二月二十五日付けで、領主である東大寺の法華会料という税を支払うための計算書（散《さん》用状《ようじょう》という）が作成されている。負担すべき税額から、さまざまな名目で控除されたものがあるが、それらの一つに「一　七百八十一文　軍勢苅跡」という項目が見られる（「東大寺文書」）。これはまさに、先に見たような実力による掠奪が恒常化したために、荘民側が領主に対する税の負担額から、軍勢が乱入して農作物を兵粮として刈り取られてしまった分を差し引く、という処置をとったことを示している。

戦場での飲食

さて、こうした兵粮を戦場においてどのように飲み食いするのか、ということをうかがい知れる古文書を見出すことはできなかったが、『太平記』第二十六巻「四条合戦の事」には、貞和四年（一三四八）正月に行われた河内国四《し》条《じょう》畷《なわて》の戦い（足利方の高師直軍が南朝方の楠《くすの》木《き》正行《まさつら》軍を撃破）の際、和田・楠木勢は敵軍をいったん退却させたその合間に馬から降り、とある田の畔《あぜ》で「胡籙《えびら》に差いたる竹葉の酒、餁嚢《じんのう》（食糧を入れた袋）なんど取り出だして、心閑《しず》かに兵粮」をつかった、という場面が描かれている。箙《えびら》という矢を入れる道具に差してあった竹筒の酒を飲み、また、

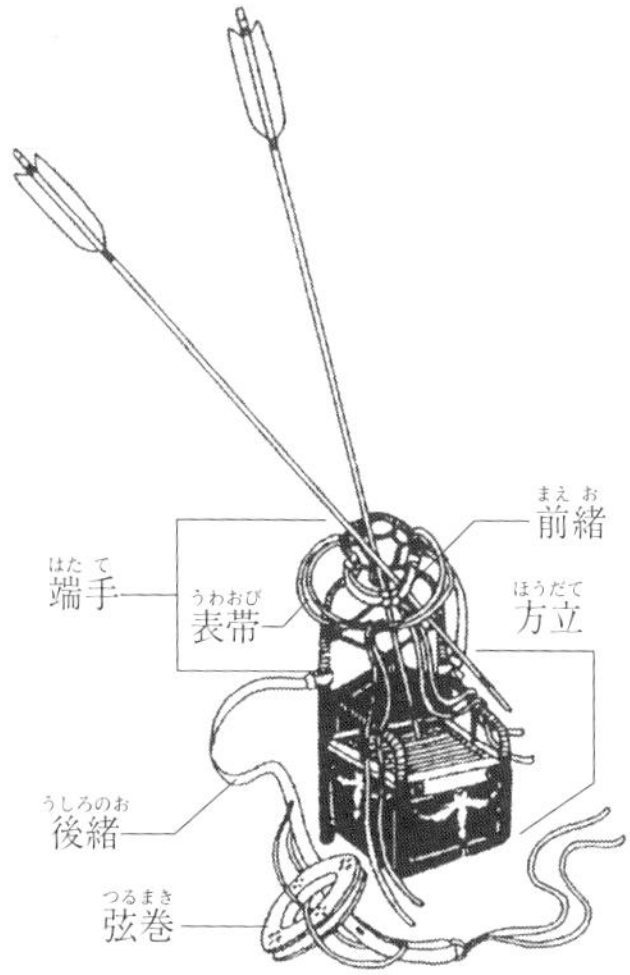

えびら　『朝日百科日本の歴史別冊 歴史を読みなおす８ 武士とは何だろうか』（朝日新聞社）より転載（一部修正）

袋に入れてあった何らかの食糧を口にした、というようなことが実際にもあったものと推測される。
では、籠城戦が続き、包囲する敵軍によってその糧道が断たれると、当然ながら城方の兵粮は次第に乏しくなっていくが、そうした場合はどのように対処したのであろうか。

建武三年（一三三六）十月、新田義貞は恒良《つねよし》・尊良《たかよし》親王を奉じて北国へ落ち、越前金ヶ崎城（福井県敦賀市）に入った。そして、翌年三月に陥落するまで足利軍との攻防戦が続くが、『梅松論』下は、金ヶ崎城の兵粮が尽きた後は馬を殺して食べ、二十日間余りをしのいだ、という話を伝えている。

一方、『太平記』第十八巻「金崎城落つる事」では、「或いは江《え》の魚《うお》（入江の魚）を釣って飢えを助け、或いは礒菜《いそな》（礒に生えている海草）を取って日を過ごす。暫しが程こそ、かやうの物に命を続《つ》ぎて軍《いくさ》をもしけれ、余りに事迫《つま》りにければ、寮の御馬を始めとして、諸大将の立てられたる秘蔵の名馬どもを、毎日二疋づつ差し殺して、おのおのこれをぞ朝夕の食《じき》には当てたりける」と、より詳しく描いている。

はるか後の天正九年（一五八一）、羽柴秀吉による鳥取城（鳥取市）攻略の際、徹底した兵粮攻めが行われた結果、城内の食糧が尽き、牛馬を殺して食べた（さらにこのときは、鉄砲で撃たれて死にかかっている味方の兵に飛びついて、その肉に食らいつくという地獄絵図が出現したという）ことは比較的よく知られているが、南北朝時代の籠城戦においても、同様のことが行われた可能性が高い。

第二章　南北朝期の戦闘の実態

1．武器と戦闘のあり方

主な武器と戦闘形態

南北朝期の合戦では主にどのような武器が使用され、また、戦闘の形態はいかなるものであったのだろうか。

まず武器について、トーマス・コンラン氏はこの時期の軍忠状や合戦手負注文をほぼ網羅的に集計・分析し、どのような武器によって負傷したかを調査した。その結果は、弓矢によるものが約七十三％、太刀が約二十五％、鑓《やり》が約二％、石が約一％というものであった〔トーマス・コンラン一九九七〕。

この数字だけを見ると、弓矢の割合が圧倒的に高く、武器として大きな位置を占めていたように思われるが、即断はできない。なぜなら、これはあくまで負傷の原因となった武器を示しているのであって、戦死に至らしめたものではないからである。そして残念なことに、軍忠状や手負注文には戦死の

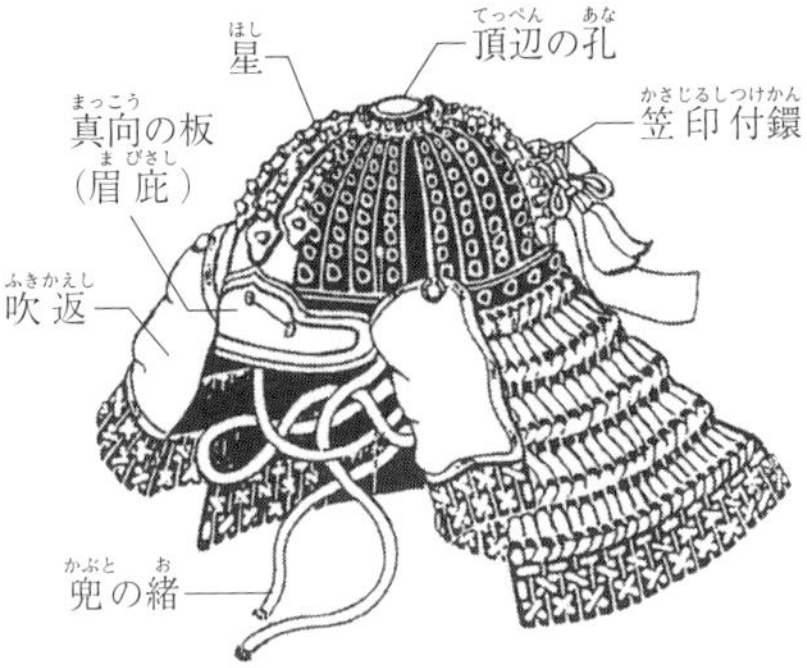

甲の吹返　『朝日百科日本の歴史別冊 歴史を読みなおす８ 武士とは何だろうか』（朝日新聞社）より転載（一部修正）

記載はあっても、それが何の武器によるものかはほとんど書かれていない。普通に考えれば、相手を殺す確率はその性質上、接近戦で用いられる太刀のほうがはるかに高いといえよう。この点では鑓も同様だが、この時代はまだほとんど使われていなかった。そうなると、太刀が主流だったとも推測できるが、これもまた断定はできない。

また、この問題とも深く関わる戦闘形態について、近藤好和氏はやはり軍忠状などの古文書にはほとんど記載がないため、『太平記』の叙述や絵巻物などを参考に検討している。その結果、源平内乱期が騎射《きしゃ》（馬上で弓を射る）と徒歩打物《かちうちもの》（馬からおりて太刀で戦う）が主流だった（『平家物語』からの読み取りにもとづく）のに対し、南北朝期は歩射《ほしゃ》（地上からの弓矢攻撃）と馬上打物（長い太刀や木製・鉄製の棒を用いた一撃戦）が中心となったこと、また、組討《くみうち》は通常の形（取っ組み合って太刀などで討つ）の他に、馬上から敵を投げ飛ばして殺す「投《なげ》討《うち》」ともいうべき力業《ちからわざ》が顕著だったこと、などを指摘している〔近藤二〇〇〇〕。

なお、建武三年（一三三六）七月日付けの広峯昌俊軍忠状案には、敵とどのように戦ってこれを討ち取ったかについて、やや具体的に記されているので紹介しておきたい。すなわち、昌俊は同年五月二十五日に行われた有名な湊川《みなとがわ》合戦において敵の楠木弥四郎と戦い、「散々打物の間、昌俊甲《かぶと》の左右の吹返《ふきかえし》を切らるといえども、これを討ち取」った、とある（「広峯文書」）。

この古文書の写真を見ると、「打物」の「物」は「拘」とも読めるが、いずれにしても両者は馬上か地上かは不明ながら太刀で激しく戦い、昌俊は弥四郎の攻撃によって自らの甲の左右の吹返を切られたが、ついにこれを討ち捕った、というのである。つまりこの場合、太刀討ちによって勝敗が決したことがわかるのである。

遠矢による攻撃

遠矢とは、文字どおり遠距離からの弓矢での攻撃のことである。太刀や棒などの打物が接近戦でしか使えないのに対し、弓による射撃は遠くから可能なため、予想しづらく、防御はより困難と推測される。現に前項で紹介したように、軍忠状や手負注文などに記録された負傷で最も多いのは矢傷によるものであった、との分析結果もある〔トーマス・コンラン一九九七〕。そして、近藤好和氏によれば、中世前期には馬上から射るのが主流であったが、南北朝期には歩兵による攻撃がふえた、という〔近藤二〇〇五〕。

さて、遠矢はどのような場面で行われるのか。『太平記』には比較的多くの遠矢による攻撃の描写が見られる。次に、それらのうちの一例を紹介しよう。

三河国の住人、足助《あすけ》次郎重範、（中略）二人張りに十三束二伏《ぞくふたつぶせ》の矢、篦《の》かづきの上まで引つ懸け、暫し堅めてひやうど放つ。遥かなる谷を隔てて、二町余りが外《ほか》にひかへたる荒尾九郎が鎧の栴檀《せんだん》の板を、右の小脇まで、篦深にくさと射込む。一矢なれども、究竟《くっきょう》の矢坪なれば、荒尾、馬より倒《さかさま》に落ちて、起きも直らで死ににけり。

（第三巻「笠置合戦の事」）

これは、笠置城の一の木戸《きど》を守る足助重範が、歩射による遠矢で谷を隔て二町（約二一八メートル）余り離れたところにいた、攻城軍の荒尾九郎を一撃で倒した場面である。これと似たような実例を探すと、建武三年（一三三六）正月十一日付け山内通継《みちつぐ》軍忠状のなかに「大渡橋上御合戦の時（同年正月十日、山城）、忠節を致し、遠矢仕るべきの由、仰せ下さるの間、遠矢を以て御敵六騎を目前に射落とし、則ち射払う」という記述があった。すなわち、通継は大将に命じられて遠矢を行い、敵兵六騎を射落としているのである。武士が皆、遠矢が得意というわけではなかったであろうから、弓の名手が大将から指名されたものと思われる（「山内首藤家文書」）。

次に、『太平記』第十巻「鎌倉中合戦の事」には、元弘三年（一三三三）五月、敗色濃厚の北条方のなかで、優れた太刀をもって奮戦する長崎為基《ながさきためもと》に対し、攻める新田方は「ただ陣を隔てて、矢衾《やぶすま》を作って（射手がすきまなく並んで）遠矢に射ける間、為基が乗ったる馬に矢七つまで立ちけり」という記述がある。この場合、集団による遠矢により、接近戦を挑む敵将を近づけないようにしていることがわかる。ここでの遠矢は、どちらかというと防御的な使い方をしているが、同書第六巻「六波羅勢討たるる事」には、同年正月、京都に入った楠木正成軍が六波羅軍の攻撃を受け、「遠矢少々射捨てて、一戦《ひといくさ》を戦はず、天王寺の方《かた》へ引き退く」とあり、退却の際という、さらに消極的な場面で遠矢を用いたことが描かれている。

このほか、「城中の勢どもは、敵に勢の分際（程度）を見せじと、（中略）時々射手《いて》を出だし、遠矢を射させて日を暮らす」（同書第七巻「船上合戦の事」）と、長びく籠城戦のなかで威嚇のために時折用いたり、「赤松入道、これを見て、わざと敵を難所におびき寄せんために、足軽の射手、一、二百人を麓へ下ろして、遠矢少々射させて」（同書第八巻「摩耶軍の事」）と、敵軍をおびき寄せるための策略として遠矢を行わせることもあったようである。

石による攻撃

石は最も原始的な武器ともいえようから、南北朝期の合戦においても日常的に用いられていたのではないかと推測されるが、一次史料で見られる実例は、かなり少ない。

まず、『太平記』には第三巻「陶山小見山夜討の事」に、元弘元年（一三三一）九月の鎌倉幕府軍による笠置城攻めの際、「この間、数日《すじつ》の合戦に、石に打たれ、遠矢に当たって死する者、幾千万と云う数を知らず」とある。また、第三巻「赤坂軍《いくさ》の事、同城落つる事」には、同年十月、籠城軍が

千早城合戦で石を落とそうとする武士（『太平記絵巻』）　埼玉県立歴史と民俗の博物館蔵

大木や大石を落として攻撃したため、寄手は七百余人も討たれた、との記述がある。

次に、第七巻「出羽入道吉野を攻むる事」には、元弘三年二月、護良親王らが籠もる吉野城（奈良県吉野町）をめぐる攻防戦に関し、「夜昼七日が間、息も継がせず相戦ふに、城中の勢三百余人討たれければ、寄手も八百余人亡びにけり。況《いわ》んや、矢に当たり、石に打たれて死生の堺を知らざる者は、幾千万と云う数を知らず」とある。もちろん誇張はあろうが、矢とともに石の攻撃による死傷者が多かった様子がうかがい知れる。

さらに、第十五巻「同じき二十七日京合戦の事」には、建武三年（一三三六）正月二十七日、天皇方が足利方宇都宮紀清両党《きせいりょうとう》の籠もる京都神楽岡《かぐらおか》の城郭へ攻めかかった際、「高櫓《たかやぐら》より大石あまた投げ懸けられて引き退く」という場面が描かれている。

以上は『太平記』のみから知られることだが、同書第七巻「千剣破《ちはや》城軍の事」には、比較的信頼できる史料と照合できる部分が二箇所ある。まず一つ目は、『太平記』に、城中の者ども、少しも騒がず静まり返りて、高櫓の上より、大石を抛《な》げかけ抛げかけ、楯の板を微塵に打ち挫《くだ》いて、漂ふ処を、差しつめ差しつめ散々に射ける間、四方の坂よりころび落ち、上が上に重なって、手負ひ、死を致す者、一日が中に五、六千人に及べり。

とあるが、これに関し「楠木合戦注文」にも「一　齋藤新兵衛入道、子息兵衛五郎、（中略）去月（正慶二・一三三三年二月）二十七日、楠木の爪（詰）城金剛山千早城に押寄せ、相戦ふの間、上の山より石礫《いしつぶて》を以て数箇所打たれおわんぬ」と、また、同年閏二月二十七日付け熊谷直経合戦手負注文には「幡サシ中平三景能、右ノ目ジリヲ石ニウタレ候」（「熊谷家文書」）という記述がそれぞれある。『太平記』のほうは「大石」とあり、これが「楠木合戦注文」の「石礫」や手負注文の「石」と一致するかどうかは不明だが、いずれにせよ千早城攻めに際し、籠城軍が石による攻撃を行ったことはまちがいない。

もう一つは、『太平記』第十七巻「金崎城詰むる事」で、新田義貞らが籠もる越前金ヶ崎城をめぐる攻防の際、攻める足利方について「矢に当たって疵を病み、石に打たれて骨を砕く者、日々ごとに千人、二千人に及べども、城は未だ逆木《さかもぎ》（敵の侵入を防ぐため、茨《いばら》など棘のある木の枝を並べたもの）一本だにも破られず」と記している部分である。

これに関し、建武四年三月五日付けで仁木頼章が久下重基《しげもと》に発給した感状のなかで、「越前国金崎城に発向せしめ、今月（三月）二日塀に付くの刻《きざみ》、石を以て打たれるの条神妙」と（「久下文書」）、また、同年四月日付け本田《ほんだ》久兼《ひさかね》軍忠状写には、「同（三月）五日夜、最前城に攻め入るの刻、石を以て肩を打たれるの条」とそれぞれあり（「薩藩旧記十九所収本田文書」）、『太平記』の記述を裏づけている。

さらに、『太平記』に記述はないが、暦応四年（一三四一）三月十五日、大和国河合城（奈良県河合町）における合戦の際、攻城軍の田代基綱《もとつな》の旗差彦四郎が、堀付近で石によって首を打ち破られている（「田代文書」）。

以上の事例に共通しているのは、攻城戦において籠城側が石による攻撃を行っている点である。そして攻城軍側の武士が、その石によって負傷したことを軍忠状に記したり、大将から感状のなかで賞されていることからみて、かなりの損害を相手に与えたものと推測されるのである（中沢一九八一）。

危険な切岸合戦

切岸《きりぎし》とは、切り立った険しい崖のことで、人為的につくられた場合もある。よく中世城郭の研究で、城は舌状台地《ぜつじょうだいち》の縁などに築けば、三方は切岸で自然の要害となり、残る一方に堀や土塁を設けて敵の攻撃を防ぐ、などと説明されることが多い。しかし、『太平記』には切岸での合戦を記述した部分が十ヵ所ほどあり、実際に私が調べた範囲では、五点ほどの軍忠状にも切岸合戦のことが記されているので、以下に紹介していきたい。

まず、切岸合戦があったことのみを伝えるのは、文和二年（一三五三）四月十五日の陸奥国宇津峯城、永徳元年（一三八一）十月十五日の下野国鷲《わし》城、嘉慶二年（一三八八）五月十二日の常陸国男躰《なんたい》城での戦いに関する軍忠状である（「結城白川文書」「烟田文書」「武州文書」）。

では、切岸では具体的にどのような戦闘が行われたのか。この点については、当然ながら『太平記』のほうが詳細に描いている。まず攻城側について、第二十八巻「鼓崎《つづみざき》城熊ゆゑ落つる事」に、観応元年（一三五〇）八月二十五日の夜、足利直冬党の佐波善四郎が籠もる石見国鼓崎城を攻める高師泰軍の一隊が、「城の背《うし》ろの深山《みやま》より這ふ這ふ忍び寄りて、薄《すすき》、刈萱《かるかや》、篠竹などを切って、鎧の札頭《さねがしら》、冑《かぶと》の鉢付《はちつけ》の板にひしひし（すきまなくびっしり）と差して、探竿影草《たんかんえいそう》（身を隠す道具のこと）に身を隠し、鼓崎の切岸の下、岩の影にぞ伏したりける」とある。切岸を攻め上がろうとする攻城側は、高所にいる籠城側からは丸見えなので、夜間に、しかも鎧甲を草木でカモフラージュして城に近づこうとしている様子が描かれている。

崖を攻め上ろうとする武士（『太平記絵巻』）　埼玉県立歴史と民俗の博物館蔵

また、第三十四巻「平石城合戦の事」には、切岸を登るときの様子について、「切岸高ければ、前《さき》なる人の楯を踏まへ、甲の鉢を足だまり（踏み台）にして、木戸、逆木《さかもぎ》を切り破り、討たるるをも云はず、手負をも顧みず、われ先にとこみ入りける」と記し、相当な犠牲が出ることを覚悟しながらも、前後の兵と協力しながら切岸をよじ登ろうとする状況がうかがえる。

この点、実際の軍忠状にも「同（暦応三年〈一三四〇〉七月）二日御合戦軍忠を致し、切岸屏を越え、一の城戸口に責め入り、散々合戦仕る」（摂津国迫城、「広峰文書」）や、「同（応安元・一三六八年）九月六日当城（下野国贄《にえ》木《ぎ》城）御合戦之時、切岸に付き散々合戦を致す」（「下野島津文書」）などの記載が見え、『太平記』が描く状況をある程度裏づけているように思われる。

次に、籠城側の対応について、『太平記』第三巻「赤坂城の事、同城落つる事」に、攻城側が堀のなかや切岸の下まで攻め寄せた際に、乱杭《らんぐい》（杭を打って縄を張り巡らしたもの）や逆木を引き抜き城の中へ入ろうとした、とあるから、切岸の下にはあらかじめいくつかの防禦施設をつくっておいた模様である。そして、乱杭や逆木が攻城側によって引き抜かれてしまうことをあらかじめ想定していたであろう籠城側は、さらに切岸を攻め上ってくる敵兵たちを討つ準備を整えていた。

すなわち、前掲の軍忠状（「広峰文書」）のなかにも記されているように、切岸を登りきったところにも防禦用の塀が設けられていたり、『太平記』第十七巻「野中八郎軍《いくさ》の事」には、「出塀《だしべい》」と呼ばれる射撃や物見《ものみ》のためにその塀の一部が外へ突き出している箇所があることが描かれたりしている。

また、同書第三巻のやはり赤坂城攻めの場面で、籠城側は敵兵が切岸の下に殺到したところを「櫓の上、土狭間《つちさま》（土塀に設けた矢を射るための窓）の影より、差し攻め引き攻め（いっせいに）鏃《やじり》を支《そろ》へて射」ため、一気に死傷者が千人余りに及んだ、との描写がある。

やはり、切岸を攻め上がることには大きなリスクが伴ったようだが、それでもいったん城内まで入り込んでしまえば、今度は一気に籠城側が不利となったため、あえて危険なこの戦法を用いる場合があったのであろう。

城の堀を埋める

中世城郭の重要な防御施設の一つに、堀がある。この堀を掘った後の土を盛って土塁を築けば、攻城側が城内へ入るのはいよいよ困難になる。いったい攻城側は、どのような対抗策を用いたのか。

『太平記』第十七巻「山攻めの事、并千種宰相討死の事」に、建武三年（一三三六）六月、足利方が比叡山に籠もる後醍醐天皇方と戦った際、「寄手（足利方）、すでに堀の前までかづき寄せ（楯をかざして進み）、埋め草を以て堀を埋め、焼き草を積んで櫓《やぐら》を焼き落とさんとし」た、という記述がある。攻城側は堀に大量の草を投入し、これを埋めて進軍しようとしたり、上方からの攻撃を受けるため、はなはだ厄介な施設である櫓を焼くためにも草を用いたようである。

では、この大量の草をどうやって調達したのだろうか。同じ『太平記』第二十巻「御宸翰勅書《しんかんちょくしょ》の事」に、建武五年五月、南朝の新田義貞軍が足利方の越前「黒丸《くろまる》城を攻めらるべしとて、堀溝を埋めんために、埋め草三万余荷を国中の人夫に持ち寄せさせ」たとある。これを信じれば（現地調達もしたであろうが）、わざわざ国中から堀を埋めるための草を集めた、ということになる。

この点、実際の軍忠状等で確認してみたところ、私の調べた範囲では二点だけ関係する記述を見出すことができた。

まず一点目は、北畠親房の側近とみられる某範忠が興国四年（康永二・一三四三）五月六日付けで白河の結城親朝へ送った書状のなかで、常陸国関《せき》城をめぐる攻防に際し、「その上堀を埋め候ても、内より堀とをして埋め草を取り入れ、堀底より矢蔵の下を堀穿《うが》つ事も、金師等圧死せらる」と記している部分である。すなわち、攻城側（足利方）が草で堀を埋めても、籠城側（南朝方）は城内からそれを取り除いてしまい、また、堀底から城内の矢蔵（櫓）の下まで横穴を掘って進もうとしたが、途中で崩れて（あるいは崩して）金師（工兵）たちが圧死してしまったことがわかる（「白河結城家文書」）。

もう一点は、永徳二年（一三八二）二月日付けの烟田重幹着到状に、いわゆる小山義政の乱の最中の前年十二月六日、「（下野）鷲城堀塡の時合戦」と記された部分である（「烟田文書」）。鷲城跡の現況は、内城と外城に分かれ、この間に幅十メートル、深さ六メートルの薬研堀《やげんぼり》が七十メートルほど続いている（これに高さ五〜六メートルの土塁が付随している）。もちろんこれは、戦国末期に小田原北条氏が大改修を施した後の姿をとどめたもので、南北朝期の規模はこれより小さなものであったと思われる。しかし、同じ着到状のなかに「十一月十六日鷲外城壁破却」とあるから、十二月六日に埋められた堀は、まずまちがいなく外城と内城の間にあったものとみてよい。
以上、数少ない実例からではあるが、実際に堀は草で埋められる場合があったことが確認できるのである。

分捕切棄の法

建武五年（一三三八）七月日付け吉川経久《つねひさ》軍忠状のなかに、同年二月二十八日に行われた南都合戦の際、経久は奈良般若《はんにゃ》坂で敵一騎を討ったが、「分捕《ぶんどり》の事切り棄《す》てたるべきの由、法に定めらるの間」これを切り棄て、その場にいた二名の武士に事実確認のみを依頼し、三月十六日の天王寺合戦の際にも同様のことをした旨が記されている（「吉川家文書」）。

分捕とは、討った敵の頸を軍忠申請の際の証拠とするために自陣まで持ち帰ることをさすが、この二度の合戦に際しては、それを禁じた法（いわゆる分捕切棄の法）が出されていたことがわかるのである。この法は高師直がつくったとも、幕府内で審議され、最終的には足利直義が承認・発令したものともされている〔亀田二〇一五〕。

さて、分捕切棄の法が制定された理由について、漆原徹氏は敵が大軍であったことをあげているが〔漆原一九九八〕、それに加えて激戦が続いたため、ということもあげられよう。経久のような参戦した武士としては、たとえ一日ごとでもその日にあげた軍功は大将に申請し、恩賞給付をより確実なものとしておきたい、というのが本音だったにちがいない。しかし、多くの武士が同様な行動をとったとしたら、仮に戦況が有利だったとしても、それを維持できなくなるかもしれないし、ましてや敗勢なら、その損害はさらに拡大してしまうであろう。

なお、漆原氏の研究によれば、この法はすでに建武二年十二月には臨時に採用されたとみられ、また、前記の奈良般若坂合戦前後の時期に法として定められた後は、同様な条件下での合戦のたびに適用されたようである。

2．戦闘に関わる人々

旗を守る旗差

旗差《はたさし》とは、軍団の印《しるし》として用いられる旌旗《せいき》の持役のことである。尊氏を総大将とする足利軍のような大軍にももちろんいたが、これを構成する各武家の武力集団ごとにも存在した。古くは平安末期より見られるが、南北朝期の軍忠状等に記されている場合が多い。

いうまでもないかもしれないが、武家ごとに旗差が必要だった理由は、その武家としての名誉を示すことのほかに、混乱する戦場で何という武家が軍功をあげているのか、味方の大将や軍奉行、あるいは「同所合戦の仁」に識別してもらうためでもある。それゆえ、旗差は合戦に際しては常に主人の馬の側近くにいて、自らも騎乗した。また、身分の低い雑色《ぞうしき》や中間《ちゅうげん》から任じられたが、軍の進退に深く関わる役目だったため、武芸はもちろん判断力にも優れ、さらには身のこなしの素早い者が選ばれたという（『武家名目抄』）。

『蒙古襲来絵詞』に描かれた旗差　宮内庁三の丸尚蔵館蔵
上：十三紙　下：十八紙

実際に旗差が戦場でどのように行動したか、見ていこう。南北朝期のものではないが、『蒙古襲来絵詞』には旗差が描かれている場面がいくつかある。例えば十三紙には文永の役の際、竹崎季長のすぐ後ろに騎乗している旗差三郎次郎資安《すけやす》が描かれ、詞四・十六紙には敵軍が麁原《そはら》から鳥飼潟《とりかいがた》の塩屋の松のもとに向けて応戦してきたため、最初に旗差資安が馬を射られて跳ね落とされた、と記されている。

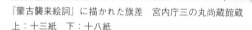

また、十八紙には白石六郎通泰《みちやす》の旗差（右手に馬の手綱を握り、左手で旗を掲げ、その竿の根元を左の鐙《あぶみ》において足で支えているように見える）と、その前方に前述した竹崎季長の旗差資安が徒歩となりながらも、敵軍から夥《おびた》しい数の矢が飛来するなか、なおも駆け出している様子が描かれている。

二人の旗差はいずれも太刀を佩《は》いているが、その役目上、ほかの武士に比べて戦闘はしづらく、したがって防備も不十分だったと推測され、死傷の可能性は高かったものと思われる。軍忠状や合戦手負注文を統計的に分析した釈迦堂光浩氏によれば、負傷に関する二六五例のうち、十一例が旗差だった。

また、『太平記』（ここでは日本古典文学大系本）には四ヵ所ほど旗差の記述があるが、このうち巻第三十三「京軍《いくさの》事」には、文和四年（一三五五）三月、南北両軍の東寺での攻防に関して「佐々木（氏頼《うじより》）が旗差堀次郎、竿ながら旗を投げ入れて、己《おの》が身は軈《やが》て掻楯《かいだて》を上り越てぞ入りたりける」という記述がある。ここでは最も大切な旗を投げ入れ、敵方の掻楯（楯を並べて垣のようにしたもの）を乗り越えて攻め込もうとしている姿が描かれている。いざというときには、旗差自らも戦闘に参加したのであろう。

なお、建武四年（一三三七）五月日付けの虫追《むそう》政国《まさくに》軍忠状には、政国が同月二十二日、長門国賀年《かね》城（山口市）での戦いの際、負傷しながらも大手から出撃し、「凶徒波多野《はたの》彦六郎、並びに難波《なんば》中務入道、旗二流を追い落とし、これを取る」との記述がある（「益田家文書」）。波多野と難波が旗差で、この二名から旗を奪い取ったのか、それとも両名とは別に旗差がいたのかは不明だが、ともかく敵の旗を取ったことを軍功の一つとして書きあげている点が注目されよう。前述したように、武家の名誉の象徴である旗を敵方に取られることは最大の恥辱だったであろうから、取ったほうは軍忠となりうる、という認識があったものと思われる。

野伏となったのは誰か

『太平記』や南北朝時代の軍事関係文書のなかに、「野伏《のぶし》（または野臥《のぶし》）」という文言を見かけることが時々ある。この野伏について、以前は土民《どみん》レベルの民衆であって、戦闘のルールを無視して奇襲や待ち伏せといったゲリラ戦法をとった人々のことをさすと考えられていた。そして、農民が戦場で積極的な役割を果たすようになったことにより、中世社会の成熟が達成された、とされたのである〔関一九九三〕。

ところが近年、野伏についての検討が進められ、新しい見解も示されている。ここでは、それらをふまえて関係史料をもとに見ていくことにしたい。

まず、野伏とはどのような人々をさすのか、という問題だが、これについては従来から農民とされ、近年でも呉座勇一氏は、野伏という荒くれ集団が存在したわけではなく、百姓が「野伏」として駆り出されていた、と指摘している〔呉座二〇一四〕。そして飯森富夫氏は、野伏として農民を動員する場合は、村の安全保障や課役の減免など何らかの代償を与えられることが慣例だった、と論じている〔飯森一九九二年〕。

ここでおさえておきたいのは、「野伏」という文言には、戦闘の形態をさす場合と、そのような戦闘を行う人々自体を意味する場合の二通りの用い方がある、ということである。したがって、トーマス・コンラン氏が紹介しているように、正規の武士も「野伏」を行っているのである〔トーマス・コンラン一九九七〕。例えば、康永元年（一三四二）十月二十七日付けの着到状写のなかで、陸奥の山田《やまだ》重教《しげのり》は「奥州凶徒蜂起の由、仰せ下さる間、十月八日三迫鎌糠《かまぬか》城に馳せ参じ、同九日より十七日に至り、成田城において夜攻並びに野臥を致し、忠節を抽んじ候おわんぬ」と申告している（「秋田藩家蔵文書十岡本又太郎元朝家文書」）。

その一方で、興国四年（康永二）と推定される四月十六日付けで南朝方の春日顕時（顕国）が作成した書状写（結城親朝宛て）のなかに見える「今月五日夜伊佐城を出でおわんぬ。先ず連々野伏を差し遣わし、凶徒等の兵粮の通路を塞《ふさ》ぎ候」などは、兵粮ルートを遮断した人々を「野伏」と呼んだ事例である。『太平記』のなかに見える「野伏」も、ほとんどが人をさした表現となっている。

このうち、後者の「野伏」についてもう少し詳細に見ていこう。『太平記』第六巻「宇都宮天王寺に寄する事」に、

和田、楠木、和泉、河内の野伏どもを五、六百人駆り集めて、しかるべき兵を二、三百騎差し添へ

て、天王寺の辺《あたり》に遠篝《とおかがり》を焼《た》かせける。

という記述がある。和田氏や楠木氏が「駆り集めた」（この表現にも注目）野伏と、「しかるべき兵」が明確に区別されており、しかも「野伏ども」という見下した表現を作者が用いていることから、ほぼ同時代の人々が「野伏」をどうとらえていたか、うかがい知れよう。

『太平記』には、人をさした表現としての「野伏」が、「しかるべき兵」すなわち騎兵と対比される形で用いられている部分が、このほかにも数ヵ所見られる。とくに第三十四巻「新将軍南方進発の事」には、「馬に乗るかとすれば、野臥になって」という記述が見られ、明らかに野伏は馬に乗らない兵、すなわち歩兵という意味で用いられているのである。コンラン氏も野伏は歩兵と同義語でもあったとしているが、実は同書にはこれと矛盾するような表現がなされている箇所もある。

瓜生は、かねての案に図るに（もくろんだとおり）、敵を谷底におびき入れて、今はかうと（ころ合いだと）思ひければ、その夜の夜半ばかりに、野伏三千余人を後ろの山へ上げ、足軽の兵七百余人を左右へ差し廻して、三方より時（鬨）の声をぞ揚げたりける。

（第十八巻「義治旗を揚ぐる事、並びに杣山軍の事」）

すなわち、ここでは「野伏」と「足軽（軽装の歩兵）」が明らかに分けて記されているのである。人としての「野伏」は、正規の騎馬武者（といっても、どれほど厳密なものかは定かでないが）以外の幅広い立場の人々をさしていた可能性があったといえよう。

その他、一次史料で次のような事例も見出した。

（前後略）随て十八（七月）日に引き退《の》き候の時、敵野臥等付け送り候間、野に引き出し候て、馬にて散々に懸け付け候て、野臥等十四人討ち捕り候おわんぬ。この内侍程の者五人、名字分明《ぶんみょう》候生取三人、か丶る心地よき事なく候。

これは、永徳元年（一三八一）七月二十五日付けの名和（実は各和であることは一二六頁参照）慈冬書状（禰寝久清宛て）の一部だが、この場合、敵方の野臥は歩兵と推測され、しかも討ち捕った十四名のなかには侍身分や名字が明らかな者がいたと記しているから、野伏とはいってもその身分は多様だったことがうかがえるのである（「禰寝文書」）。

戦闘形態としての野伏

それでは、戦闘の形態としての「野伏」とは、具体的にはどのようなものだったのか。

紀伊川かぶろの辺に、野伏を出《い》だして、開き合わせ詰め合はせ（後退したり前進したりして）、息をも続《つ》がせず戦はしめんに、究《きわ》めて短気なる坂東勢ども、などか退屈せで候ふべき（どうして嫌気がささずにおれようか）。（第三十四巻「和田楠軍評定の事」）

ここでは、野伏の自在な戦いぶりによって、正規兵たちが翻弄される姿が描かれている。また、前掲第三十四巻「新将軍南方進発の事」にも、ただ深山幽谷《しんざんゆうこく》に走り散って、敵に在所を知られず、前にあるかとせば、後ろへ抜け、馬に乗るかとすれば、野臥になって、在々所々にて戦はんに、敵頻《しき》りに懸《か》からば、難所に引き入れて返し合はせ、引っ返さば、跡に付いて追っ懸け、野軍《のいくさ》に敵を老《つか》らかいて（疲れさせて）、雌雄を決すべし。

とあって、まさに神出鬼没・変幻自在の戦い方が記されているのである。この点について呉座氏は、こうした神出鬼没の武装勢力としての野伏は、専ら『太平記』に登場するものであって、その描写を全面的に史実として受け入れることはできない、とする（この点、コンラン氏も「野伏」には奇襲を主とするゲリラ的な戦い方の意味は含まれず、分散し、戦場と認識された場所で弓矢を用い戦った、とする）。

ただ一方で、前掲の春日顕時（顕国）書状写を引用し、野伏が敵の輸送路を遮断し兵粮を奪ったり、建武四年（一三三七）八月日付けの野本鶴寿丸軍忠状のなかに、前年二月、三河国で父朝行が野伏のために何度も命を落としそうになった、とある（「熊谷家文書」）のを紹介し、落ち武者狩りを行っていたこと、などを指摘している。この落ち武者狩りについては、『太平記』にもいくつか記載がある。

五月暗《さつきやみ》の比《ころ》なれば、前後も見えぬ闇に、苦集滅道《くずめじ》の辺に野伏充満して、十方より射る矢に、左近将監時益《ときます》（六波羅探題南方《みなみかた》の北条時益）、頸の骨を射られて、馬より倒《さかさま》に落ち給ふ。

（第九巻「六波羅落つる事」）

「六波羅殿は番場の辻堂にて、野伏に取り籠められて、一人も残らず討たれ給うたり」

（同「番場自害の事」）

　これらはいずれも、野伏たちが敗色濃厚となった敵方の大将を一気に取り囲んで討つという、落ち武者狩りを行った場面といえよう。ならば、次の記述はいかがであろう。

> さる程に、吉野、十津川《とつがわ》、宇多《うだ》、内郡《うちのこおり》の野伏ども、大塔宮《おおとうのみや》（護良親王）の命を含んで相集まること七千余人、ここの嶺、かしこの谷に立ち隠れて、武士往来の路を差し塞《ふさ》ぐ。これによって、寄手の兵粮忽《たちま》ちに尽きて、人馬ともに疲れて転漕にこらへかねて、百騎、二百騎帰る処を、案内者の（土地の地理に詳しい）野伏ども、所々のつまりつまり（要所要所）に待ち請けて、討ち留めける間、日々世々に、討たるる者数を知らず。（第七巻「千剣破城軍の事」）

　これは、兵粮路の遮断とともに、「待ち請け」とあるように敵兵に対する待ち伏せ攻撃であり、しかもその際、要所要所に「立ち隠れて」分散していて、これはある意味、神出鬼没のゲリラ戦と呼べるのではないだろうか。

　残念ながら、すでに紹介したもののほかは、古文書には具体的な野伏の攻撃方法を記したものは見当たらないが、比較的信頼できる「頼印大僧正《らいいんだいそうじょう》行状《ぎょうじょう》絵詞《えことば》」という史料に、「（小山）義政野臥を四方に放て、御方之通路を塞ぎ、火事夜々におこって、諸陣安穏ならず」という記述がある。これは、南北朝末期に起きた小山義政の乱の際、劣勢となった小山方による野伏攻撃について記したもので、まさにゲリラ攻撃と呼べる内容である。

　ゲリラ戦とは、辞書によれば「小規模な部隊により敵の後方などを奇襲する戦法」をさすが、研究者によってもそのあたりの認識には幅があるのではないだろうか。落ち武者狩りというのも、奇襲してこそ成功するものととらえれば、一種のゲリラ戦とみなすことも、あながち誤りとはいいきれないであろう。落ち武者狩りと、神出鬼没の奇襲攻撃の間に、はたして明確なボーダーラインがあるのか、私には疑問が残る。「野伏」には、ある程度幅広い意味が含まれていたのではないだろうか。

戦闘形態としての野伏（野臥）は、大量に人員を動員して敵に大軍が対峙しているように思わせる陽動作戦、兵粮路の遮断、要所要所に分散配置されての待ち伏せ攻撃や落ち武者狩りなどを意味していた。これらは、騎兵どうしの本格的な戦闘ではないという点では共通しているが、一方ですでにコンラン氏が指摘しているように、正規の武士もその軍忠内容の一つ（「野臥を致す」「野臥合戦」）として自らの軍忠状に書きあげており、合戦のなかで一定の意味をもつ戦闘行為といってよいだろう。

実在した忍者

忍者は、史料上では「忍び」と呼ばれ、一般的には戦国時代に各地の大名に召し抱えられて活躍した存在と認識されている。しかし、「忍び」の存在は南北朝期には確認でき、山田雄司氏は『太平記』に見える以下の事例を紹介している〔山田二〇一六〕。

或る夜の雨風の紛《まぎ》れに、逸物《いちもつ》の（すぐれた）忍びを八幡《やわた》山に入れて、神殿に火を懸けたりける。かの八幡大菩薩は……敵よも社壇を焼く程の事はあらじと、官軍油断しけるに、城中周章《あわ》て騒ぎて、煙の下に迷ひ倒る。　　　　（第二十巻「八幡宮炎上の事」）

建武五年（一三三八）三月以来、北畠顕信《あきのぶ》らの南朝軍が山城国男山の城に籠もり、高師直を大将とする足利軍は、なかなかこれを攻め落とすことができなかった。そこへ越前にいた新田義貞の弟、脇《わき》屋《や》義助《よしすけ》が比叡山の勢力と一緒に近く上洛する、との知らせが入り、尊氏や師直は男山攻めをやめて京都を守るべきか悩んだ。その結果、同年七月に師直は忍びを八幡山へ侵入させ、石清水八幡宮《いわしみずはちまんぐう》の社殿に火をかけて南朝軍をおおいに混乱させた、というのである。

時の所司代都築《つづき》、三百余騎にて、夜討の手引きせんとて究竟《くっきょう》の忍びどもが隠れ居たる四条壬生の宿へ、未明に押し寄せたり。楯籠もる所の兵ども、元来《もとより》死生《ししょう》知らずの者どもなりければ、家の上に走り上がり、矢種のある程射尽くして後、皆腹掻《か》き破って死ににけり、

（第二十五巻「三宅荻野謀叛の事」）

これは、南朝方の児島高徳が尊氏や直義、高・上杉氏らを夜討ちにしようと図り、諸国から兵を集めて京周辺に分散配置させたときの話である。情報を探知した侍所所司代が兵三百騎を遣わして、夜討ちを手引きするため四条壬生の宿に潜んでいた究竟の忍びどもを急襲した、という。児島高徳については実在が疑われているものの、このことは『師守記《もろもりき》』康永三年（一三四四）四月四日条にある、幕府が五条坊門壬生に隠れていた者を捕らえ、その頸を東寺四塚《よつづか》に懸けた、との伝聞と一致するので、事実と考えられている（山田二〇一六）。

これらの話から、南北朝期の忍びは密かに敵城に侵入して混乱させたり、敵方の要人暗殺の案内などに用いられたことがうかがわれよう。

ところで、山田氏が紹介したのはこの二つの事例のみだが、私は古文書のなかに一点、忍びについて記したものを見出した。見落としもあるかもしれないが、私の知る限りこれまで紹介されていなかったものである。

> 然るといえども、彼の政保《（和泉）》以下の凶徒等、去る四月二十六日【丑刻】、老父《（島津貞久）》の居住する山門院木《き》牟《む》禮《れ》城に忍び入るの間、合戦に覃《およ》び、忍二人【四郎三郎、孫二郎】を打ち留め、自余は追い返しおわんぬ、

これは、文和四年（一三五五）六月一日付けの島津師久《もろひさ》（薩摩守護島津貞久の子）請文案の一部である（「薩藩旧記二十五」）。当時、薩摩では「宮（南朝）方」と「佐殿《すけどの》（足利直冬）方」が結託して島津氏に対抗していた（山口一九八九）が、このときも和泉政保《いずみまさやす》らが貞久のいる木牟禮城（鹿児島県出水市）に忍び入ったため合戦となり、「忍二人」だけを捕らえてほかは追い返したという。名前は「四郎三郎、孫二郎」といい、姓がないことは彼らの身分の低さを示しているように思われる。忍びだけを捕らえたのは、島津氏が彼らから敵方の詳しい情報を知ろうとしたためかもしれない。

この史料は、『太平記』のような軍記物ではなく古文書であり、これによって南北朝期に忍びが実

在したことが確認できるのである。

生虜の取り扱い

合戦で武士が生きたまま敵方に捕らえられることがあるのは、南北朝期の場合も例外ではない。例えば建武三年（一三三六）十月二十九日、田代市若丸（顕綱《あきつな》）は、近江国内の合戦で敵一人を「生取《いけど》」り、これを「侍所」が実検している（「田代文書」）。この場合の侍所とは、顕綱が属した大将細川顕氏の配下機関をさすと思われる。同五年三月、八幡・天王寺合戦に際しては、九十四頁でも指摘したように、高師直の直臣とみられる高橋中務丞が「生虜奉行人《いけどり》」をつとめており、担当役人の存在が確認できる（「薩藩旧記二十所収入来本田文書」）。

それでは、この「生虜」は誰がどのように扱い、最終的にはいかなる形で処分されたのか。こうした点に関する史料はきわめて少ないが、わずかに残った文書から読み取れることを紹介しておきたい。

大友一族の志賀頼房は、建武二年十二月二十一日の合戦で敵の若党を生虜としたが、これは惣領である大友氏を通じ「公方」に召し渡されている（「志賀文書」）。この「公方」とは必ずしも将軍とは限らず詳細は不明だが、要するに足利方のより上位の人物をさすとみてよいであろう。

また、同四年十月十八日、田代基綱は河内国内での合戦で「僧宗禅」を生け捕り、大将である同国守護細川顕氏の前に連行したところ、「守護御代官」すなわち守護代に渡すよう命じられたため、守護代秋山四郎次郎に召し渡している（「田代文書」）。そして預かった者は、生け捕った者に対して請取状を渡した（「相良家文書」）。

こうして捕らえられた者は、獄に入れられる場合があったようである。建武二年八月、中先代《なかせんだい》の乱《らん》を起こした北条時行《ときゆき》方の武士数名が足利方の武士により捕らえられたが、その後は「即ち獄舎《ごくしゃ》せしむる所也」と、某実廉《さねかど》軍忠状のなかに記されている（「竹内文平氏所蔵文書」）。

ところで、敵を捕らえる際にその馬や身につけていたものはどうしたのであろうか。正平六年（観応二・一三五一）十一月十六日、尊氏方の伊達《だて》景宗《かげむね》らは、駿河国小坂山で直義方の長田五郎次郎という武士を「生捕」ったが、その際「乗馬・物具《もののぐ》を奪い取り、彼等の在所に火を懸け焼き払」っている（「伊達文書」）。こうしたことが軍忠状に堂々と記されているということは、このような行為を大将側も認めていたことを意味しよう。

なお、こうして捕らえた「生虜」を、軍功認定の際に利用した事例がある。康永元年（一三四二）十月、伊予国勢田城へ発向して戦った小早川氏平は、自らの家子・若党・旗差らが負傷するなか、分捕頸を一つあげ、それを大将の御前に持参した。すると、大将は生捕人にその頸を見せるよう命じ、その結果、水原弾正忠と判明した（「吉川家中並寺社文書」）。

分捕頸が誰なのかわからない場合があるのは、当然考えられるところである。そのため、敵方である「生虜」に見せて、それを確認させたのであろう。身分が高い者を討ったほうが、より大きな軍功となったものと推測できるから、軍忠申請者にとっても、また、それを認定する大将側にとっても、その人物が誰であるかは重大な問題だったにちがいない。

そして、最終的には生虜はどうなったのか。戦国期には、同じようにして敵方に捕らえられた者と交換する場合があったが、南北朝期でも同様なことが行われていたのかは、史料上確認できない。

3. 陣所と城郭

陣所はどこに置かれたか

合戦に赴くため多数の軍兵が移動し、その途中で宿営することが南北朝期にはよくあった。その際、広大な敷地をもつ寺院や神社が使われたことはよく知られている。しかし、例えば千人を超えるような軍兵がそこだけでまかなえるとは思えない。また、宿営の際に何かトラブルは起きなかったのだろうか。

まず、例によって『太平記』を見てみよう。第二十六巻「四条合戦の事」に、貞和四年（一三四八）十二月、楠木正行軍を討つために高師泰の手勢三千余騎が出陣すると、諸国から軍兵が二万余騎も集結した、という記述がある。このとき、兵たちは京都南部、桂川・宇治川・木津川の合流点付近の在《ざい》家《け》（一般の民家）に分かれて宿営したが、それだけでは収容しきれず、「堂舎仏閣」にも入って、それでもいっぱいになってしまった、という。この話がある程度の事実を伝えているとすれば、行軍中の宿営には寺社や一般民家を用いたことになる。

こうしたことが実際にあったのか、古文書によって確認してみよう。建武三年（一三三六）八月二十三日、山城国泉涌寺《せんにゅうじ》に軍兵が乱入し、「三ヶ日の間軍陣を寺内に張り、党類を蘭室《らんしつ》に集め、寺辺の放火、仏物の劫奪《ごうだつ》、道具霊宝、一塵も残さず、聖教《しょうぎょう》多く以て散失す、凡《およ》そ未曾《みぞう》有の次第也」という状況になったことを寺僧たちが書き残している（「泉涌寺文書」）。この文書の趣旨は、そうしたなかで同寺が所有していたと主張する田地の権利証を紛失してしまったと訴えることなので、過大な表現も含まれているであろう。しかし、基本的な事実に誤りがないとすれば、やはり軍兵は寺院に宿営し、しかも寺の周辺を焼き払ったり、寺宝を掠奪するなどの乱妨を行っていたようである。

その前年十二月二十九日以来、備前国安養寺《あんようじ》には国内外の軍勢が宿営し、「或いは仏性燈油《ぶっしょうとうゆ》を以て軍兵の儲《たくわえ》と為し、或いは僧侶止住の房舎を資縁《しえん》（仏道修行のための衣食住）を以て人馬の糧に焼ける。しかのみならず、温室を壊《こぼ》ちて楯と為し、房舎を破りて薪と為」した、と同寺の衆徒は訴えている（「安養寺文書」）。これもまた、寺が幕府に料所を寄附してほしいと要求する文書なので、泉涌寺の場合と同じようにとらえる必要はあろうが、こちらはさらに具体的な乱妨行為の様子をうかがい知ることができる。それこそ、寺にあるものを根こそぎ合戦に再利用し尽くしているのである。第三部第一章で紹介したような兵粮米の取り立ても、こうした一環として行われていたのであろう。

南北朝期の城郭とは

南北朝期の軍事関係文書を見ていくと、城郭をめぐる合戦について記したものが多い。いうまでもなく、城郭は攻防の要であり、城を落とすことがほぼそのまま勝敗を決定づけるのである。

では、当時の武将たちは、城郭というものを実際どのようにとらえていたのか。ごくわずかではあるが、残された関係史料から探ってみることにしたい。

暦応四年（一三四一）と推定されている閏四月四日付けで、薩摩島津氏の一族伊作道恵（当時在京中）が、やはり島津一族で伊作氏の下僚のような立場で国元にあって戦っていた山田忠能《ただよし》に書状を送っている。そのなかで、「一、和田城こしらへられ候よしうけ給はり候。相構へひきたゝれ候て、こしらへらるべく候。領内にじやう（城）一所も候ハでハ、かなうまじく候（和田城を築くとの話を聞きました。よくよく奮起して築城すべきです。領内に味方の城が一つもないのでは話になりません）」と述べている（「薩藩旧記二十一所収山田文書」）。道恵は、やはり城郭は領内を守るうえで欠かせないものである、と認識していたことがうかがえよう。

その一方で、同じ書状のなかで道恵は、「一、国いまゝで城の一つをも落されず候由承り候へば、一、二年にも静謐あるまじきやうにうけ給はり候へば、御心本無く存じ候（そちらで今まで敵方の城を一つも落とせていないとのこと、そんなことでは一、二年中にも戦乱が起こるのでは、と不安に思っています)」とも言っており、反対に敵方を討つにはその城を落とす必要があると考えていたことがわかる。

これと同様の事例として、石見国遠田《とおだ》城（島根県益田市）をめぐる問題をあげることができる。すなわち、嘉慶二年（一三八八）十一月十九日付けの大内氏奉行人連署奉書（永安《ながやす》左近将監宛て）のなかに、「遠田城を弛《ゆるませ》らるべきの由仰せられ候処、今に誘《こしらへ》持たれ候の由其の聞こへ候。事実《ことじち》に候哉、勿躰《もったい》なく候。然らば早々に当城を弛らるべく候（遠田城を破却せよとの上意をお伝えしたところ、いまだに城を保持されているとのこと、本当でしょうか。不届きなことです。早々に破却してください)」と記されている（「益田家文書」)。当時、石見守護でもあった大内義弘《よしひろ》と同国の国人永安氏との関係は、あまり良好なものではなく、そのような永安氏が遠田城を保持しているということは、大内氏にとって危険な状況と認識されていたらしい。そのために破却命令を再度出したのであろう。

大内義弘画像　山口県立山口博物館蔵

そもそも、遠田城は大内義弘が対立する弟満弘《みつひろ》の石見における最大与党益田氏を討つため、康暦二年（一三八〇）ごろ、同国内に築こうとした三つの城の内の一つであり、しかもそれを永安氏に預けようとしていたのである（同文書）。そのことを永安氏に承諾させることによって、国内に益田氏との争論を抱えていた同氏をはっきりと義弘側につかせよう、という意図があったという〔藤井二〇一三〕。

ところが、これに対して永安氏は、「遠田は少所に候の間、一力として叶ふべからざる」と大内氏奉行人に返答してきた。この「少所」とは、同じ大内氏奉行人連署書状の他の部分に「斫所」とあることから、遠田城を維持していくための料所をさすと判断できる。それが少ないから自分だけでは維持できない、というのである。

この返事を奉行人たちが大内義弘に報告したところ、「左様に少所に候はば、長野庄の安富《やすとみ》入道一城持つべく候、是も斫所最も少所に候の間、一城を一力として持ち難く候、彼の仁と御寄合候て、半城持たるべき（それほど少所ならば、長野庄の安富入道にも城を一つ預けるが、この城も料所が「最少所」なので、やはり単独では維持しがたい。永安左近将監は、この者と協力し「半城」を持たれるとよい）」との上意だったので、奉行人たちは「益田庄や遠田あたりは残らず各城の料所にする予定です。持たれないのならお望みに従い計らいますが、陣取り以前にお返事ください」と、永安氏に申し伝えている。

ここで注目されるのは、城を築く場合、そこを預かる武将が城を維持するための料所が与えられるようになっていたことである。この料所というのが、第三部第一章2でとりあげた兵粮料所にあたるのかどうかは不明だが、この場合はそれが少ないため、別の武将と共同で維持する形態が提案されて

飛山城跡空撮写真　国土地理院「地図・空中写真閲覧サービス」の写真に加筆

いる。そのような場合も実際にあったことが推測できよう。

ところで、このようにして一定の領域内に複数の城を築いた際に、その城どうしはどのような関係にあったのだろうか。とくに戦時には、何らかの方法でお互いに連絡を取りあっていたことは容易に想像はつくが、実際にそうしたことをうかがい知れるような史料はほとんどない。

私が知る限りで唯一の興味深い事例は、下野宇都宮氏の場合である。興国元年（暦応三・一三四〇）十月十日付け北畠親房御教書写（「結城文書」）によれば、この年八月ごろ、南北両軍による攻防戦が行われた石下《いしおろし》城（栃木県芳賀郡市貝町）は、「鵈山《とびやま》管領内」、すなわち飛山《とびやま》城の管轄下にあった。

飛山城は鬼怒川《きぬがわ》東岸、現宇都宮市竹下町に立地し、宇都宮の東方を守る重要な城郭であり、宇都宮氏の重臣芳賀《はが》氏が城主であった。石下城とは直線距離にして約十五キロ離れている。両城を結ぶ街道があったかどうかわからないが、ともかく南北朝初期の段階で、はるか後の戦国期、小田原北条氏領国内における支城制にも似た城郭のネットワークとも呼べるような体制が、一定程度できていたことは推定できよう〔松本二〇一〇〕。

4．合戦の諸相

戦時下での文書管理

第一部第二章3で述べたように、恩賞申請のためには、その根拠となる関係文書を提出する必要があった。しかし、動乱が続く南北朝時代に、こうした文書類を保管するのは容易なことではなかったと思われる。例えば建武三年（一三三六）十一月七日、南朝軍は下野の茂木《もてぎ》氏の居城である茂木城（栃木県芳賀郡茂木町）をおとし、城は炎上してしまった。このとき、茂木氏は紀伊国賀太庄の領有が確認できる鎌倉将軍家の下文など二通の重要書類を紛失し、そのことを幕府に報告している（「茂木文書」）。

なお、かつての拙稿で、紛失したのは小山城に近い陣所と推測した〔松本二〇〇二〕が、これは呉座勇一氏の指摘どおり、茂木城が正しい〔呉座二〇一四〕。実際、武士たちはどのように対処したのか、少し見ていくことにしよう。

長門の内藤教泰《ないとうのりやす》は、幕府の命令をうけて南朝軍を討つため諸方に出陣したので、証文類はゆかりのある三聖寺の経蔵《きょうぞう》に預けた。ところが建武三年六月三日、「濫妨人等」が同寺に討ち入ってきたので、これを追捕したのだが、その際、証文類はことごとく紛失してしまった（「内藤家文書」）。

また、建武五年、奥州から北畠顕家軍が来襲してきたので、近江の山中覚阿《やまなかかくあ》は、これに備えるため美濃国不破《ふわ》郡黒血橋《くろちばし》に向かったが、その際、相伝の文書以下の所持物を縁者である近江国甲賀《こうか》郡大佐《おおさ》治上郷《じかみごう》の地頭神保阿清に預けた。ところが、北畠軍が伊勢に進んだため、阿清の在所に軍勢が乱入し、その際、覚阿の預けたものは紛失してしまった（「山中文書」）。

ほかにも若干の事例はあるが、以上の二例より、武士たちは合戦が続くなか、縁者やゆかりのある寺院などに自らの所領に関する証文類を預ける場合があったことがわかる。しかし、それにもかかわらず、預け先が戦乱に巻き込まれ、証文類が焼失したりして失われることもあったのである。

そもそも、平時であっても不慮の火災等で証文類が失われることは少なくなかったであろう。それは、「こうした事情で紛失しました」という旨を書きあげ、上級機関の認証を得る紛失状という形式の文書が多く残っていることからも、容易に推測できる。ましてや、動乱期には右の二つの事例のように、そのリスクは一層高くなったであろう。

武家の女性が果たした役割

史料はきわめて少ないが、南北朝期の軍事関係文書のなかに、武家女性の名前が見られる場合がある。彼女たちは、いったいどのようなかたちで合戦に関わったのか。まず二つの事例をあげよう。

①　着到

黒沢五郎左衛門尉広綱女子代中務次郎義広軍忠の事

右、陸奥国田村庄宇津峯麓の合戦において、忠節を致しおわんぬ。並びに当御陣の森、去《さんぬ》る月十三日、同十五日、両度合戦致し、忠節を致《(ママ)》す処、今五月日、彼城落ちる上《(ママ)》は、然らば則ち御判を賜り、後に備えんがため、恐々言上件の如し。

文和二年五月　日

「承《(証判)》りおわんぬ　在判」

②　着到

相馬孫五郎長胤後家申《尼》す

右、今年【暦応二】七月九日、下河辺庄における合戦の時、最前代官を進《まいら》せおわんぬ。よって着到件の如し。

暦応二年七月十六日

「承《(証判)》り候おわんぬ　左衛門尉重兼（花押）
同二十日」

①は写しであり、文言に疑問な点があって検討の余地が残るが、内容に基本的な誤りがないとすれば、黒沢広綱《くろさわひろつな》の娘が形式上、同家の代表者として着到状を作成・提出したことになる。ただし、すぐにわかるように、実際の合戦にはその女性の代官である中務次郎義広《よしひろ》という人物が従軍している（「青木家々譜」）。

また、②はやはり相馬長胤《ながたね》の後家《ごけ》、すなわち未亡人が作成・提出した着到状であり、この場合も合戦にはその代官が参陣しているのである（「相馬岡田文書」）。

では、実際には戦闘に参加しない女性が、なぜ着到状の代表者となっているのだろうか。①については詳細は不明だが、②は後家とあるから、夫である相馬長胤はすでに死去していたことがわかる。暦応二年（一三三九）三月日付けの相馬胤頼《たねより》軍忠状案によれば、建武三年（一三三六）五月二十四日、陸奥国小高城における北畠顕家軍との戦いで討ち死にした相馬一族のなかに「相馬六郎長胤」が見える（「相馬文書」）。

ただし、同文書の別の箇所に②と同じ「相馬孫五郎長胤」が記されていて、これは同年三月三日付け相馬光胤着到状（同文書）も同様だから、両者は別人と判断できる。したがって、五月二十四日の合戦では孫五郎長胤は存命だった可能性が高いが、その後②の作成時点までに死去していた、ということになる。おそらくは戦死、あるいは負傷してその後死去したものと推測できよう。つまり、武家の当主が死去した直後で、その子が幼かったり、あるいは子がいなかったために次の当主が決まっていなかった場合には、死去した当主の妻が一時的にこれを代行した、ということになる。そして、実際の合戦には、その女性に代わって一族あるいは家臣などが従軍したのであろう。おそらくは、①も同様と思われる。

さて、これまで推測してきたようなことが、もっとはっきりわかる事例がある。建武二年七月に中先代の乱（北条高時《たかとき》の遺児時行が建武政権に抗して信濃で挙兵、一時鎌倉を占領）が起きたが、このとき、下野の有力豪族小山氏の当主秀朝《ひでとも》は戦死してしまった。その遺児は常犬丸《とこいぬまる》という幼名を名乗っており、まだ元服前であった。

このとき、小山氏の代表する立場となったのが、常犬丸の祖母である。祖父貞朝《さだとも》はすでに死去していたし、母については史料上の所見がなく、死去していたか、あるいは存命だったとしても病気、ないしは何らかの事情があって亡夫の代わりを務めることができず、結局、健在だった祖母が一族・重臣の支持を得て代表者の地位についたものと思われる。

常陸国中郡《なかぐん》庄の事、度々の軍忠他に異なる上、城郭を構え忠節を致すの間、将軍家より仰せ下さるるの程、預け置かるる所也。よって所務を致さるべきの状、仰せによって執達件の如し。

建武三年十月二十八日　　　　源（花押）(斯波家長)

小山大後家殿

右の史料は、時の鎌倉府執事斯波家長が足利尊氏の意をうけ、小山氏の一連の軍忠に対する恩賞として常陸国中郡庄を預け置くと伝えたものだが、宛名の「小山大後家」が常犬丸の祖母とみられている（「松平基則氏所蔵文書」）。ただし、その一方で同年十月十九日に、小山氏は下野守護として、同国皆川《みながわ》庄内の闕所を上杉憲顕《うえすぎのりあき》に預け置く手続きを進めるよう、幕府から命じられているが、このときの宛名は「小山常犬殿」となっている（「上杉家文書」）。

このように、ほぼ同じ時期の文書で小山氏の代表者が異なっていることについては、延元三年（暦応元・一三三八）と推定される十一月二十六日付け北畠親房御教書写（結城親朝宛て）のなかに「一小山の事、誘い出でられ候わば、尤も然るべく候、度々案内者を以て仰せ遣わされ候、しかも未だに是非を申さず候、よって母子方へ御教書を遣わされ候」（傍点筆者）とあるのが注目される（「松平基則旧蔵結城文書」）。要するに、常犬丸が元服するまでは、祖母（親房の御教書写では「母」とあるが、祖母の誤りであろう）と孫の共同統治という形をとっていたのではないだろうか。

常犬丸の祖母が軍勢大将の役割を果たした、まことに興味深い実例がある。野本朝行《のもとともゆき》という武士が、建武三年八月から十一月ごろにかけて小山城に籠もり、この間来襲してきた北畠顕家軍と戦って軍忠を尽くしたが、これに対して「小山常犬丸祖母」が「証判状」を朝行に与えた（「熊谷家文書」）。「証判状」とは、第一部第一章3でも述べたように、朝行が提出した軍忠状に、彼女が内容を確認したう

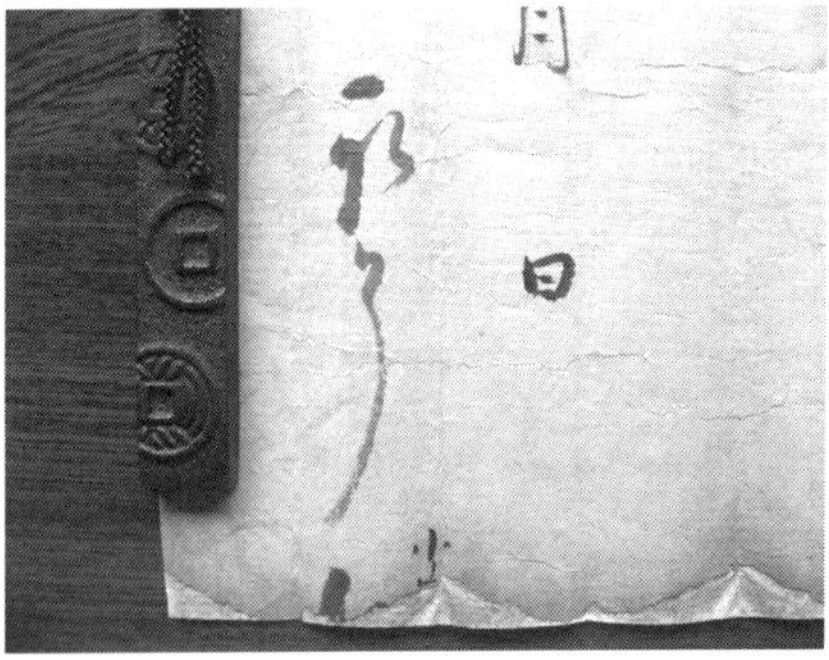
茂木明阿代祐恵軍忠状（「茂木文書」）の証判部分
個人蔵

えで、例えば「承了」などと書き入れ、花押を加えて朝行本人に返却したものをさす。一般に、女性は花押をもたないとされているが、このとき彼女は小山氏を代表する立場にあったため、例外的に花押を作成したものと思われる。つまり、形式上ではあるが、武家の当主として最も重要な軍事指揮権（細かくいえば軍功認定権）をもっていたのである。

南北朝期におけるこのような事例は、私の知る限りこの一例だけである。なお、同年十一月日付けの茂木知貞《ともさだ》代祐恵軍忠状の奥に加えられた花押は、残念ながら焼損のため、ごく一部しか残っていないが、その脇に異筆で「小山」とある（「茂木文書」）。もし、これが事実を伝えているとすれば、この花押こそ常犬丸の祖母のものではないだろうか。

南北朝時代は激しい戦闘が続いたから、小山氏に限らず壮年の当主が戦死してしまうことも少なくなかったであろう。そうした場合、残った一族の状況によっては、女性の年長者が一族を代表するようなこともあったものと思われる〔松本二〇一四b〕。

合戦に見る神仏への信仰心

南北朝時代より数十年前に、日本には二度にわたって元軍が来襲した。このときの様子を描いた歴史書に『八幡愚童訓《はちまんぐどうくん》』（鎌倉末期に成立）があるが、これにはほかでは知りえないことが記されているため、多くの歴史家が叙述のための史料として用いてきた。

これに対して、服部英雄氏は、強い警鐘を鳴らしている。すなわち同書は、八幡信仰の宣伝、神威《しんい》の高揚のためにつくられたものであり、事実は含まれているかもしれないが、霊験譚《れいげんたん》（神が示す利益の物語）として編集された途端に史料としての価値を失う、というのである〔服部二〇一四〕。

例えば、同書には次のような話が紹介されている。

〔訳文〕文永の役（文永十一・一二七四年）の際、元軍の攻撃により日本軍は撤退し、博多の筥崎《はこざき》宮《ぐう》は焼失してしまった。もう終わりか、と思っていたところ、夜中に八幡大菩薩の化身である白衣の神兵三十人が筥崎宮から現れて弓矢を射かけ、元軍の兵たちは恐怖で我を失った。船上の兵たちは、筥崎の街を燃やす炎が海に映るのを見て、海から火が燃えだしたと驚き、われ先に逃げてしまった。

これを読むと、たしかに服部氏の主張には強い説得力を感じる。『八幡愚童訓』の作者は、八幡信仰を広めようとする立場の人物だったと推定される。

では、実際に南北朝期の戦闘に参加した武士たちは、この神慮というものをどのようにとらえていたのだろうか。この点についてうかがい知ることのできる三つの事例を次に紹介しよう。

暦応二年（一三三九）六月、薩摩国では南軍勢力が守護島津貞久の拠点である碇山《いかりやま》城（鹿児島県薩摩川内市）へ押し寄せた。このときの状況を、守護代酒匂久景《さこうひさかげ》が注進状に記して提出している。これによれば、敵軍が城壁や垣楯《かいだて》（垣根のように立て並べた楯）を取り破って攻め入ったまさにそのとき、「八幡新田宮御山より鏑《かぶら》の音二、三度響き、寄手の凶徒等の中へ入る。其の時神慮然《しか》らしむ哉、御方の軍勢勝ちに乗じて合戦致すの間、彼の凶徒等討ち負け引き返しおわんぬ（新田八幡宮のある山から鏑矢の飛ぶ音が二、三度響き、敵軍のなかに入った。それが神のご意思だったのだろうか、味方は勝ち戦となり、敵軍は敗れて退却してしまった）」というのである（「薩藩旧記二十所収水引観樹院文書」）。

久景は、後々の物語としてではなく、実際の戦況を報告する注進状のなかでこうした内容を記している点が注目される。事実かどうか、ということはおくとして、少なくとも久景が新田八幡宮に対する強い信仰心をもって戦いに臨んでいたことは、認めてもよいだろう。

残る二例は、いずれも合戦と神事との関係がわかるものである。

①筑後国凶徒退治の為発向すべきの由、先日状を遣わし候。よって来月二日下向すべく候。但し筥崎宮祭礼の間、今月中に門出候て、二日は必定罷り立つべく候。相構えて急速に 打ち越しせしめ候わば、悦び存じ候（中略）。

（康永二年カ）七月二十六日　　道猷（一色範氏）御判

曾禰崎左衛門（通定）三郎入道殿

②真幸院馬関田退治の為（中略）御勢遣わされるべく候わば悦び入り候。攻陣の事、来月三日に治定せしめ候。御存知の為申し候。兼ねて又諏方祭礼の為、今日鹿児島へ罷り越し候。神事以後早々に罷り帰るべく候。その時分申し承るべく候。恐々謹言。

七月二十四日　（島津）氏久（花押）

禰寝（清有）殿

①は、康永二年（一三四三）と推定される七月二十六日付けの鎮西管領一色範氏の軍勢催促状である（「曾禰崎《そねざき》文書」）。このなかで範氏は、自らも筑後国竹井《たけい》城に拠る南朝軍を攻めるべく出陣したいが、範氏のいる博多筥崎宮の祭礼があるため、今月中に「門出」（意味不明）して八月二日には必ず発つつもりだから、曾禰崎通定《みちさだ》も急ぎ出陣してくれればありがたい、と述べている。つまり、範氏は神社の祭礼が終わるのを待って出陣しようとしていたことになる。

また、②のほうも永和年間（一三七五～七八）ごろ、島津氏久が禰寝氏に宛てて、日向国真幸《まさき》院馬《まん》関田《かた》にいる敵軍への攻撃を八月三日に行うことを決定したが、諏訪《すわ》祭礼のため鹿児島に来ており、この神事が終わり次第、急ぎ戦地に戻るから、そのときに詳しい話を伺おうと伝えている。この場合も、島津氏が攻撃の直前にもかかわらず、神事が行われる鹿児島にいったん戻っていることがわかるのである（「禰寝文書」）。

いずれの場合も、合戦の日取りよりも神事のほうが優先されている点が注目できよう。

鎌倉後期の弘安六年（一二八三）に下野宇都宮氏が制定した武家家法「弘安式条《こうあんしきじょう》」の第七条に、「宇都宮社のさまざまな神事があるときは、神官たち（一族の者）は、たとえ鎌倉にいた場合でも宇都宮へ戻ってそれを行うこと。ただし、京都大番役で京都にいる場合は、この限りではない」とある。幕府への奉公より自らの神事のほうが優先する、というのである。宇都宮氏は、宇都宮社の神官でもあったから、とくにこのような条文を定めていたのかもしれないが、ここでみてきたように、一般武士の場合でも神事を重んじていたようである。彼らの神仏への信仰心というものを、決して軽視すべきではあるまい。

あとがき

私は四十代の半ばごろまで、中世の東国における守護を研究対象としてきた。そして、そのための史料として、将軍や鎌倉公方、鎌倉府執事（関東管領）、守護、守護代や在地武士たちの間でやりとりされる多くの文書を用いた。しかし、これらは公式文書であり、それをもとにして分析した内容が、はたして本当に歴史の実相ととらえてよいのか。もちろん、こうした重厚で体系的な歴史研究の重要性は否定しないが、その一方で、そうした史料の断片的な文言のなかに、きらりと光る歴史の真実を垣間見ることができるのではないか。

そうした思いを抱きながら史料集をめくっていると、薩摩守護島津貞久が同日（貞和三年〈一三四七〉正月七日）付けでほぼ同じ内容の軍勢催促状を二通、配下の比志島氏に対して発給している事例を見出した（ただし、一通は書下で比志島彦一宛て、もう一通は書状で比志島一族宛て、いずれも「比志島文書」）。私はなぜ貞久がこのような処置をとったのか、非常に興味をもった。これに関する卑見は別稿〔松本二〇一四a〕に記したが、ともかく私はこの事例にふれて以来、形式的ともいえる軍事関係文書のなかの文言を注意深く読みとることによって、当時の軍事社会の実態を垣間見ることができるのではないかと思い至り、専門とする南北朝時代の軍事関係文書を可能な限り調べて、こうした素材集めをすることに没頭した。公務の合間をぬっての作業であり、また、生来の怠惰もあって、数年もの年月がかかってしまったが、今回ようやくこのような形でまとめあげることができた。本書によって、中世（とりわけ南北朝期）の武士や合戦、ひいては中世社会の実像の一端が明らかにできたものと考えている。

ところで、私はまもなく定年退職を迎えるが、これまで三十八年間、高校教育と生涯教育に携わってきた。そうした影響があるのかもしれないが、私は歴史学と歴史教育は、少なくとも一部では融合しうるものと考えている。実際、例えば佐藤進一氏の『南北朝の動乱』（中央公論社、一九六五年）や藤木久志氏の『雑兵たちの戦場』（朝日新聞社、一九九五年）などは、刊行時点における最先端の研究である一方で、多くの一般読者をも得たことは、広く知られている。

本書はこれらの高著とは比較にもならない粗末な内容ではあるが、私の生涯における念願である「歴史学と歴史教育の融合」を志してのささやかな試みである。ぜひともご高覧をお願いしたい。

おわりに、本書刊行の意義に理解を示し、全面的に協力してくださった戎光祥出版株式会社代表取締役の伊藤光祥氏、丸山裕之氏をはじめとした同社の皆さんに心より感謝を申しあげ、擱筆する。

二〇一九年五月

松本一夫

【参考文献一覧】

飯森富夫「野伏と村落」(『中世内乱史研究』十二、一九九二年)
伊藤邦彦『鎌倉幕府守護の基礎的研究【国別考証編】』(岩田書院、二〇一〇年)
稲本紀昭「中世後期島津氏の権力構造」(新名一仁編『薩摩島津氏』戎光祥出版、二〇一四年、初出一九六八年)
漆原　徹「書評と紹介『日野市史』史料集高幡不動胎内文書編」(『古文書研究』四〇、一九九五年)
漆原　徹『中世軍忠状とその世界』(吉川弘文館、一九九八年)
漆原　徹「合戦と軍忠」(峰岸純夫編『今日の古文書学』第三巻中世、雄山閣、二〇〇〇年)
漆原　徹「請文型軍忠状と戦功認定手続法」(『法學研究』七六―四、二〇〇三年)
江田郁夫「戦場の足利尊氏」(峰岸純夫・江田郁夫編『足利尊氏再発見』吉川弘文館、二〇一一年)
荻野三七彦「古文書と軍事史研究」(上島有編『日本古文書学論集』7中世Ⅲ、吉川弘文館、一九八六年、初出一九七三・七四年)
亀田俊和『高師直』(吉川弘文館、二〇一五年)
川添昭二「鎮西管領一色範氏・直氏」(『森貞次郎博士古稀記念古文化論集』、一九八二年)
久保健一郎「中世における「兵粮」の展開」(同『戦国時代戦争経済論』校倉書房、二〇一五年、初出二〇一二年)
呉座勇一『戦争の日本中世史』(新潮社、二〇一四年)
小林一岳「南北朝の「戦争」と安全保障」(同『日本中世の一揆と戦争』校倉書房、二〇〇一年)
小松茂美『足利尊氏文書の研究』(旺文社、一九九七年)
近藤好和「南北朝期の戦闘」(同『中世的武具の成立と武士』吉川弘文館、二〇〇〇年)

近藤好和　『騎兵と歩兵の中世史』（吉川弘文館、二〇〇五年）
佐藤進一　『古文書学入門』（法政大学出版局、一九七一年）
佐藤進一　『室町幕府守護制度の研究　下』（東京大学出版会、一九八八年）
佐藤進一　「室町幕府開創期の官制体系」（同『日本中世史論集』岩波書店、一九九〇年、初出一九六〇年）
佐藤秀成　「鎌倉時代軍事関係文書」（同『鎌倉幕府文書行政論』吉川弘文館、二〇一九年、初出二〇一一年）
関　幸彦　「武装」（福田豊彦『中世を考える　いくさ』吉川弘文館、一九九三年）
瀬野精一郎　「軍事関係文書」（中尾堯編『日本古文書学講座』5中世編Ⅱ、雄山閣、一九八〇年）
田代　誠　「軍陣御下文について」（『国史談話会雑誌』二八、一九八七年）
田中　誠　「初期室町幕府における恩賞方」（『古文書研究』七二、二〇一一年）
谷口雄太　「「名和慈冬」は存在したか」（日本史史料研究会編『日本史のまめまめしい知識』一、岩田書院、二〇一六年）
トーマス・コンラン　「南北朝期合戦の一考察」（大山喬平教授退官記念会『日本社会の史的構造　古代・中世』思文閣出版、一九九七年）
永山　愛　「軍勢催促状の発給に関する一考察」（日本古文書学会第四十九回学術大会要旨、『古文書研究』八三、二〇一七年）
中沢　厚　『ものと人間の文化史四四　つぶて』（法政大学出版局、一九八一年）
中島丈晴　「南北朝期における戦功確認と実検帳の機能」（井原今朝雄編『富裕と貧困』竹林舎、二〇一三年）
羽下徳彦　「足利直義の立場」（『古文書研究』六、一九七三年）

羽下徳彦　「室町幕府侍所考その二　初期の構成」（小川信編『論集日本歴史5　室町政権』有精堂、一九七五年、初出一九六三年）
服部英雄　「文永11年・冬の戦い」（同『蒙古襲来』山川出版社、二〇一四年）
藤井　崇　「義弘期の分国支配」（同『室町期大名権力論』同成社、二〇一三年、初出二〇〇七年）
堀川康史　「南北朝期播磨における守護・国人と悪党事件」（『史学雑誌』一二一―七、二〇一三年）
堀川康史　「北陸道『両大将』と守護・国人」（『歴史学研究』九一四、二〇一四年）
松井輝昭　「折紙の着到状について」（『古文書研究』三四、一九九一年）
松井輝昭　「着到状の基本的性格について」（『史学研究』一九五、一九九二年）
松本一夫　『東国守護の歴史的特質』（岩田書院、二〇〇一年）
松本一夫　「陣所に持ち込んだ証文類」（『古文書研究』五六、二〇〇二年）
松本一夫　「武士団と町場　下野小山氏」（高橋修『実像の中世武士団』高志書院、二〇一〇年）
松本一夫　「南北朝期における書状形式の軍勢催促状に関する一考察」（『年報中世史研究』三九、二〇一四年a）
松本一夫　「中世下野の武家女性をめぐって」（『歴史と文化』二三、二〇一四年b）
村井章介　「徳政としての応安半済令」（同『中世の国家と在地社会』校倉書房、二〇〇五年、初出一九八九年）
山口隼正　『南北朝期九州守護の研究』（文献出版、一九八九年）
山田雄司　『忍者の歴史』（KADOKAWA、二〇一六年）
渡邉元観　「軍勢催促状に関する一考察」（明治大学大学院文学研究科『文学研究論集』二八、二〇〇七年）
渡邉元観　「『太平記』から見る室町幕府の軍勢催促」（『古代学研究所紀要』一四、二〇一〇年）

＊史料集は、『大日本史料』第六編、『南北朝遺文』九州編、同中国四国編、同関東編、同東北編の他、各県史の史料編を利用した。『太平記』は特にことわらない限り、「西源院本」を底本とした兵藤裕己校注『太平記』一～六（岩波書店、二〇一四～一六年）を用いた。

【著者略歴】

松本一夫（まつもと・かずお）

1959年、栃木県宇都宮市生まれ。

1982年、慶應義塾大学文学部卒業。2001年、博士（史学）。

現在、栃木県立上三川高等学校長。

主な業績に、『東国守護の歴史的特質』（岩田書院、2001年）、『下野中世史の世界』（岩田書院、2010年）、『下野小山氏』（編著、戎光祥出版、2012年）、『小山氏の盛衰——下野名門武士団の一族史』（戎光祥出版、2015年）等がある。

戎光祥選書ソレイユ005

中世武士《ちゅうせいぶし》の勤務評定《きんむひょうてい》——南北朝期《なんぼくちょうき》の軍事行動《ぐんじこうどう》と恩賞給付《おんしょうきゅうふ》システム

2019年6月20日　初版初刷発行

著　者　松本一夫
発行者　伊藤光祥
発行所　戎光祥出版株式会社
〒102-0083 東京都千代田区麹町1-7 相互半蔵門ビル8F
TEL：03-5275-3361（代表）　FAX：03-5275-3365
https://www.ebisukosyo.co.jp
編集協力　株式会社イズシエ・コーポレーション
印刷・製本　モリモト印刷株式会社
装　　丁　堀　立明

ISBN：978-4-86403-327-5